AF500079

MEMENTO THÉORIQUE & PRATIQUE

DU POSSESSEUR DE

TITRES AU PORTEUR

PERTE, VOL OU DESTRUCTION

Loi du 15 juin 1872

3e ÉDITION

REVUE, CORRIGÉE ET MISE AU COURANT DE LA JURISPRUDENCE

PAR

JULES MORET,
Huissier-Audiencier à la Cour d'appel de Paris,
Chevalier de la Légion d'honneur.

ALFRED DESRUES,
Docteur en droit,
Avoué à la Cour d'appel de Paris,
Juge de paix suppléant du XVIIIe arrondt

PARIS
IMPRIMERIE ET LIBRAIRIE GÉNÉRALE DE JURISPRUDENCE
MARCHAL, BILLARD ET Cie, IMPRIMEURS-ÉDITEURS
LIBRAIRES DE LA COUR DE CASSATION
Place Dauphine, 27

1882

TITRES AU PORTEUR

Paris. — Imprimerie L. Baudoin, r. Christine, 2

MEMENTO THÉORIQUE & PRATIQUE

DU POSSESSEUR DE

TITRES AU PORTEUR

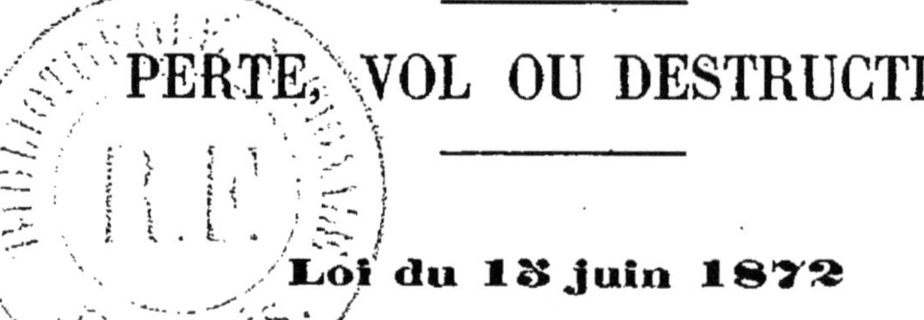

PERTE, VOL OU DESTRUCTION

Loi du 15 juin 1872

3e ÉDITION

REVUE, CORRIGÉE ET MISE AU COURANT DE LA JURISPRUDENCE

PAR

JULES MORET,
Huissier-Audiencier à la Cour d'appel
de Paris,
Chevalier de la Légion d'honneur.

ALFRED DESRUES,
Docteur en droit,
Avoué à la Cour d'appel de Paris,
Juge de paix suppléant du XVIIIe arrond

PARIS

IMPRIMERIE ET LIBRAIRIE GÉNÉRALE DE JURISPRUDENCE

MARCHAL, BILLARD ET Cie, IMPRIMEURS-ÉDITEURS

LIBRAIRES DE LA COUR DE CASSATION

Place Dauphine, 27

1882

INTRODUCTION

La loi du 15 juin 1872 (1), relative aux *Titres au porteur*, est venue combler dans notre législation une importante lacune.

Elle a créé, au profit de tous les possesseurs de ces titres, un véritable pacte d'assurances contre les risques si divers dont est constamment menacée, de par sa nature même et son caractère, cette forme particulière de la richesse publique.

On peut dire que les Titres au porteur, tels qu'ils existent aujourd'hui dans le grand courant de l'épargne et de la circulation, constituent un élément de propriété, essentiellement moderne,

---

(1) Le projet de cette loi fut présenté à l'Assemblée nationale par M. Dufaure, Ministre de la justice, le 27 juillet 1871.

La commission chargée de l'examiner était ainsi composée : MM. Wolowski, président; Grivart, secrétaire; Vidal, Ferdinand Moreau, de Salvandy, Barascud, Feray, Goblet, Bottieau, Sebert, Meplain, Luro, Bertauld, Lévêque et Girard.

que notre loi civile avait à peine entrevu, ou dont elle n'avait pu prévoir le prodigieux développement.

Aussi, les règles de droit commun pouvant s'appliquer plus ou moins directement à cette nature toute spéciale de biens, étaient-elles devenues absolument insuffisantes pour assurer d'une manière efficace, aux détenteurs réguliers, la paisible possession de leurs titres, leur en faciliter la revendication et les garantir de toute éviction.

La loi civile, n'envisageant les biens en général, que sous deux aspects, soit comme meubles, soit comme immeubles, la jurisprudence avait dû nécessairement considérer comme meubles, les Titres au porteur, et leur en appliquer les règles.

Ces règles se trouvent reléguées, et d'une façon presque accessoire, à la fin de notre Code civil, dans deux modestes articles, 2279 et 2280.

Un tel laconisme législatif, pour une matière semblable, indique combien peu la fortune mobilière tenait alors de place dans la richesse publique, comme dans les préoccupations des rédacteurs du Code.

Ces articles consacrent le principe bien connu, « *qu'en fait de meubles, la possession vaut titre.* »

Retranché dernière cette formule, le possesseur irrégulier de Titres au porteur, habile et osé, écartait souvent et triomphalement les revendications les plus légitimes.

La loi cependant renfermait une exception pour le cas de perte ou de vol. Le propriétaire ainsi dépossédé pouvait, pendant trois années, revendiquer ses titres volés ou perdus contre celui entre les mains duquel il les trouvait, sauf à celui-ci, bien entendu, son recours contre celui duquel il les tenait. Toutefois, si le nouveau possesseur avait acheté les titres perdus ou volés, dont la revendication s'exerçait contre lui, en Bourse ou dans une vente publique, il était autorisé à ne les remettre que contre remboursement du prix qu'il avait déboursé.

Ces règles, suffisantes jusqu'à un certain point en ce qui concerne les objets mobiliers proprement dits, ne présentaient plus que des garanties absolument imparfaites à l'égard des Titres au porteur, qui sont actuellement répandus dans toutes les mains, qui donnent lieu à des transactions de plus en plus multipliées, et dont l'importance se chiffre aujourd'hui par plus de dix milliards.

Remarquons encore que les principes ci-dessus

avaient un caractère singulièrement restrictif. Ils permettaient bien la revendication en cas de *perte* et de *vol* (et à la condition que cette revendication s'exerçât dans le délai de trois années), mais, par une distinction subtile, ils ne protégeaient pas le propriétaire dépossédé par suite *d'un abus de confiance* ou *d'une escroquerie.*

Or, les Titres au porteur ne se vendent point toujours d'une manière réellement protectrice et régulière, c'est-à-dire en Bourse et par le ministère d'un agent de change. Ces valeurs se transmettent souvent de la main à la main, sans qu'on en puisse suivre la filiation certaine. Les changeurs en font aussi un commerce important.

La loi n'assurait donc nullement au propriétaire dépossédé *par quelque événement que ce soit,* une revendication efficace de ses titres, et le moyen d'en empêcher, en temps utile et d'une manière générale, la négociation et la transmission.

De là, un grand nombre de procès difficiles et coûteux, et, à leur suite, des décisions parfois contradictoires, une jurisprudence indécise et vacillante, les principes envisagés, suivant la nature des faits, sous des aspects différents, ce qui rendait souvent précaire et incertaine la propriété d'un grand nombre de Titres au porteur.

Une législation spéciale qui distinguât dorénavant les Titres au porteur d'avec les meubles corporels proprement dits, et qui garantît d'une façon plus tutélaire les droits des propriétaires, s'imposait depuis longtemps aux méditations du législateur.

C'est dans ces conditions que fut élaborée la loi du 15 juin 1872.

Les avantages immédiats de cette loi sont de pouvoir empêcher la négociation et la transmission des Titres au porteur dont on a été *dépossédé par quelque événement que ce soit* (perte, vol, abus de confiance, escroquerie, incendie, destruction, etc.), et le paiement de leurs intérêts, revenus ou coupons, et capitaux. Elle permet ensuite de toucher, nonobstant cet état de dépossession, les intérêts ou dividendes de ces titres, d'en recevoir, sous certaines conditions, les capitaux échus, et d'en obtenir des *duplicata* sans attendre les longs délais ordinaires de la prescription.

Cette loi, votée rapidement à la fin de la séance parlementaire du 15 juin 1872, après le rapport de M. Grivart, député, et sans avoir été l'objet d'un débat public bien approfondi, a été, dès le début de son fonctionnement, l'objet de diverses critiques. Elle semblait nébuleuse et compliquée.

Depuis, elle est entrée dans le domaine de la pratique, où elle a déjà rendu de grands services. On n'a pas tardé à s'apercevoir que cette loi, qui ne peut être évidemment le dernier mot d'une législation aussi spéciale et aussi neuve, avait créé pour les Titres au porteur le régime qui convenait à leur caractère.

C'est cette loi et les principes qui s'y rattachent, que nous avons entrepris d'examiner et de commenter, au point de vue de la doctrine, de la jurisprudence et de la pratique.

Il importe aujourd'hui que chacun sache l'économie et les effets de cette loi spéciale qui s'applique à des valeurs faisant aujourd'hui partie de la petite épargne comme de la grande spéculation, et dont la diffusion et la circulation sont considérables.

La nomenclature des valeurs au porteur protégées par la loi du 15 juin 1872, serait, à coup sûr, trop longue à faire. Cette loi s'applique à tous les Titres au porteur, quels qu'ils puissent être : actions émises au porteur par les sociétés commerciales et industrielles, compagnies de chemins de fer et autres; obligations aussi au porteur émises soit par les sociétés, soit par les départements, les communes et les établissements publics, tels que le Crédit foncier et autres de même nature.

Il n'est fait exception que pour les rentes sur l'Etat, ainsi qu'on le verra en parcourant le texte de la loi et nos commentaires.

Cette loi se divise en deux parties assez distinctes.

La première partie, de l'article 1er à l'article 10e inclusivement, comprend les formalités à remplir en cas de perte, vol, destruction, etc., des titres, vis-à-vis l'établissement, la société, compagnie ou commune, etc., qui a émis ces titres.

Il faut commencer par former, entre les mains de cet établissement ou compagnie, opposition tant au paiement du capital que des intérêts, dividendes ou coupons des titres dont on a été dépossédé. La loi indique ensuite les moyens de toucher et recevoir les intérêts, dividendes ou coupons au fur et à mesure de leur exigibilité, ainsi que le capital échu, soit par tirage au sort, soit par amortissement.

La deuxième partie de la loi, depuis l'article 11e, s'occupe des moyens d'empêcher la négociation ou la revente des mêmes titres. Il faut, immédiatement aussi, former une opposition entre les mains du *Syndicat des agents de change près la Bourse de Paris*, qui, au moyen d'un journal spécial appelé le *Bulletin officiel des oppositions sur les Titres au porteur*, fait immédiatement connaître les titres frappés d'opposition, ce qui en empêche aussitôt la négociation régulière. C'est quand les numéros de ces titres auront été publiés dans ce Bulletin durant onze années, que le propriétaire dépossédé pourra en obtenir des duplicata.

On voit de suite que les mesures les plus urgentes à prendre en cas d'accident sont, d'une part, une opposition aux mains de la compagnie ou établissement qui a émis les titres, pour empêcher le paiement des intérêts et du capital, et d'un autre côté, une seconde opposition au Syndicat des agents de change, pour empêcher la négociation ou transmission des titres.

Ces dispositions doivent être prises aussitôt qu'on aura constaté la perte ou l'absence des valeurs dont on est propriétaire.

A cet effet, on ne saurait trop prendre la précaution, souvent dédaignée, de toujours avoir à sa disposition une ou plusieurs notes indiquant sommairement la nature, le nombre et les numéros des titres que l'on possède, ainsi que la date de leur acquisition et le nom de leur vendeur, agent de change ou autre, pour être toujours en mesure de former immédiatement ces oppositions exigées par la loi, sans lesquelles la loi n'offre pas de garantie.

On devra aussi conserver avec le plus grand soin les bordereaux d'acquisition des agents de change, qui permettront d'établir plus tard, en cas de revendication, la légitimité de la possession.

Les Titres au porteur constituent certainement un mode de fortune simple, commode, séduisant, facile à dissimuler, à déplacer et à réaliser. C'est ce qui explique le crédit dont ils jouissent, et leur immense développement.

Mais, en même temps, quoi de plus fragile, de plus précaire, de plus périssable, de plus facile à détruire et à détourner, que les plus simples feuillets qui représentent ces titres ! Et en dehors de l'hypothèse de la perte ou du vol, combien sont nombreuses les causes possibles de leur anéantissement et de leur destruction : incendies, inondations, tremblements de terre, naufrages, invasions, pillages. etc. !

On ne saurait trop prendre de précautions pour s'assurer à l'avance, en cas de sinistre, accident, perte ou vol, les moyens de se faire restituer contre ces événements, en s'abritant derrière les prescriptions de la loi du 15 juin 1872.

Notre satisfaction sera complète si notre travail peut contribuer en quoi que ce soit à la vulgarisation et à la connaissance de cette loi et des règles protectrices qu'elle trace, et à éveiller chez quelques possesseurs de Titres au porteur une sage et indispensable prévoyance.

MESURES URGENTES

A PRENDRE EN CAS DE

PERTE, VOL OU DESTRUCTION

DES

TITRES AU PORTEUR

1° Former opposition, par acte d'huissier, entre les mains de la Compagnie, Société, Etablissement, Ville ou Département qui a émis les titres perdus, volés ou détruits, au paiement tant du capital représenté par ces titres que des intérêts, dividendes ou coupons échus ou à échoir.

(Art. 2 de la loi du 15 juin 1872).
Voir formule Ire, fin du volume.

2° Former une autre opposition, par acte d'huissier, entre les mains du *Syndicat des agents de change, près la Bourse de Paris*, pour empêcher la négociation ou la vente régulière de ces titres.

(Art. 11 de la loi).
Voir formule V, fin du volume.

Nous ne saurions trop recommander ce que nous

disions déjà dans notre introduction, c'est-à-dire d'avoir toujours, en double, sur soi-même et dans un meuble quelconque, les renseignements nécessaires et les numéros des titres dont on est propriétaire, pour être toujours en mesure de faire pratiquer ces oppositions.

En ce qui concerne les titres de rente, au porteur, sur l'Etat, auxquels la loi du 15 juin 1872 ne s'applique pas, voir le chapitre consacré au *Régime des Rentes sur l'Etat.*

HISTORIQUE ET COMMENTAIRE

de la loi du 15 juin 1872

RÉGIME DES TITRES AU PORTEUR

LÉGISLATION, DOCTRINE ET JURISPRUDENCE

CHAPITRE PREMIER.

Historique. — Projets de lois. — Loi du 12 mai 1871.

Depuis 1789, la fortune publique s'est complètement transformée. Les immeubles qui, autrefois, constituaient presque seuls les patrimoines, n'en forment le plus souvent que la plus faible partie, et le vieil adage *mobilium vilis possessio*, n'a plus aujourd'hui sa raison d'être. Cette transformation a subi elle-même plusieurs phases.

D'abord les Etats émirent des emprunts, qui furent généralement représentés par des titres nominatifs; puis vint la création des chemins de fer. De grandes compagnies se formèrent pour les exploiter et, après avoir émis des actions nominatives, créèrent des actions au porteur et des obligations dont les unes furent nominatives et les autres au porteur.

Ainsi prit naissance une nouvelle classe de valeurs, les Titres au porteur. Les esprits chagrins, les vieillards *laudatores temporis acti*, ne virent pas sans peine ces transformations. Les accusations les plus violentes furent lancées contre les Titres au porteur. On les accusa d'encourager la fraude et la dissimulation, on leur reprocha même de manquer de patriotisme. Ces attaques n'eurent pas grand succès, les Gouvernements et les établissements industriels continuèrent à émettre des Titres au porteur, et le public à y souscrire.

Malgré l'extension considérable de ces titres, ils n'avaient pas paru dignes d'une législation spéciale. Le droit commun avait semblé suffisant : on trouvait tout naturel d'appliquer la même loi et aux plus minimes objets mobiliers et aux valeurs importantes qui constituent quelquefois des fortunes considérables.

Les articles 2279 et 2280 du Code civil étaient tenus de parer à toutes les difficultés. Il en résultait que le propriétaire victime d'une perte ou d'un vol pouvait exercer tous ses droits, mais que celui qui avait été dépossédé par suite d'un abus de confiance ou d'une escroquerie se trouvait dépouillé sans remède. Il en était de même si le titre se trouvait entre les mains d'un tiers de bonne foi qui l'avait acheté dans une Bourse française ou étrangère. Quant aux droits contre les établissements débiteurs, ils étaient encore plus mal définis et étaient appréciés de diverses manières, suivant les juridictions.

Toutefois, la plupart des Cours avaient fini par admettre que les Compagnies ne pouvaient refuser de payer les intérêts et dividendes échus ou à échoir, lorsqu'on leur fournissait des garanties suffisantes; mais on n'avait pas été jusqu'à les contraindre à délivrer de nouveaux titres. Nous passons sous silence les questions auxquelles avaient donné lieu la responsabilité des agents de change et celle des changeurs.

En présence de toutes ces difficultés, une loi spéciale semblait indispensable. Elle était réclamée par les jurisconsultes les plus honorables, et l'opinion publique commençait à s'en préoccuper. Un M. Troyaux, qui avait personnellement éprouvé les inconvénients de la jurisprudence existante, provoqua, sur ces questions, un concours qui donna lieu à un remarquable rapport de M. Cuzon, avocat à la Cour d'appel de Paris. Ce même M. Troyaux avait adressé au Sénat une pétition qui fut l'objet d'un éloquent rapport du savant et infortuné M. Bonjean. Tout en déplorant la trop grande extension des Titres au porteur, il reconnaissait qu'il y avait lieu de faire quelque chose en leur faveur. Enfin, en 1868, une commission nommée par le ministre de la justice étudia de nouveau la question et demanda l'adoption d'un système présenté par M. Léveillé, professeur à la Faculté de droit de Paris.

Toutes ces tentatives n'aboutirent à aucun résultat pratique, et la situation serait encore la même aujourd'hui, si les malheureux événements de 1870 et 1871, en multipliant les cas de destruction, de perte ou vol, n'avaient amené le législateur à étudier ces questions d'une manière plus active.

Déjà, avant même que la Commune ne fût vaincue, et pour décourager ceux qui eussent été tentés de vouloir profiter des déprédations commises à la faveur de la sédition, une loi fut présentée et votée le 12 mai 1871 (1). Elle crée au propriétaire dépossédé une situation particulièrement favorable. Sans accomplir aucune formalité, il peut revendiquer ses titres pendant trente ans. Il n'a qu'une chose à prouver, c'est qu'il a été dépossédé à la faveur de l'insurrection communaliste. Mais plus on s'éloignera de ces tristes événements, plus la preuve que c'est au milieu d'eux qu'on a été dépouillé deviendra difficile. Il faut dire aussi que la jurisprudence est disposée à restreindre l'application de cette loi. Aussi nous voyons que le Tribunal civil de la Seine, dans un jugement du 3 mars 1876 (*Droit* du 24 mars 1876), a

(1) Voir plus loin le texte de cette loi.

refusé de l'appliquer, en s'appuyant sur les motifs suivants :

« Vu l'art. 1er de la loi du 12 mai 1871 :—Attendu qu'il résulte de cet article que l'inaliénabilité prononcée en faveur des propriétaires dépossédés pendant l'insurrection de 1871 n'atteint que les biens meubles ou immeubles qui ont été soustraits, saisis, mis en séquestre ou détenus au nom ou par les ordres d'un prétendu Comité central, Comité de salut public, d'une soi-disant Commune de Paris ou de tout autre pouvoir insurrectionnel ; — que l'art. 1er, énumérant les auteurs des actes de dépossession qui rendent la loi applicable, comprend, à la vérité, parmi ces auteurs, dans la disposition finale, toute personne ayant agi, même sans ordre, à la faveur de la sédition, mais que la construction grammaticale et la ponctuation de l'article démontrent que cette dernière disposition est subordonnée, comme celles qui la précèdent, à la condition que les actes de dépossession aient été commis au nom d'un pouvoir insurrectionnel quelconque ; qu'ainsi, d'après cet article, les objets soustraits ou saisis par une personne ayant agi sans ordre, à la faveur de la sédition, ne seront inaliénables que si, en outre, ils ont été soustraits ou saisis au nom d'un pouvoir insurrectionnel ; et, attendu en fait, qu'il est articulé que feu l'abbé Moléon aurait été dépossédé des deux titres litigieux à la suite des violences exercées sur sa personne pendant l'insurrection de 1871, mais qu'il n'est pas allégué que sa dépossession soit résultée d'un acte accompli au nom ou par les ordres de la soi-disant Commune ;

« Attendu que, dans tous les cas, dès 1871, seul l'abbé Moléon avait signalé la dépossession de ses titres par une plainte qui a été suivie d'une information judiciaire ; qu'il en résulte que l'abbé Moléon, quelques jours avant d'être arrêté par les ordres de la soi-disant Commune, avait donné en garde, à un individu qui avait sa confiance, une valise contenant, entre autres valeurs, les titres litigieux ; que celui-ci l'a conservée après l'arrestation de l'abbé Moléon, et qu'il a déclaré que quelques jours après cette arrestation, il aurait caché la valise dans un lieu où elle aurait été volée par des inconnus;

« Attendu que les circonstances et les auteurs de ce prétendu vol sont restés ignorés et que, ni dans la plainte de l'abbé Moléon, ni dans aucun des témoignages ou documents recueillis par l'information, il n'a jamais été allégué que la valise ou son contenu ait été soustrait ou saisi au nom de la soi-disant Commune ou de tout autre pouvoir insurrectionnel;

« Attendu que, dans ces circonstances, il n'est même pas établi que la dépossession ait été accomplie par une personne agissant à la faveur de la sédition; mais au surplus, attendu que, si l'on pouvait admettre que les circonstances générales dans lesquelles l'insurrection avait placé Paris, et qu'en particulier l'arrestation de l'abbé Moléon eût favorisé d'une manière plus ou moins indirecte un vol ou tout autre acte de dépossession commis à son préjudice, on ne saurait en conclure que cet acte a été accompli au nom ou par les ordres de la soi-disant Commune de Paris ou de tout autre pouvoir insurrectionnel; qu'ainsi la loi précitée est inapplicable et que la cause doit être jugée d'après le droit commun, etc., etc. »

Nous regrettons qu'à cause du peu d'importance du litige, ce jugement n'ait point été déféré à la Cour. Elle n'aurait pu, en effet, le maintenir, car il nous semble en contradiction formelle avec les termes de la loi, qui sont des plus généraux et qui visent non-seulement les délits commis par l'ordre de la Commune, mais encore ceux qui ont été commis sans ordre, et à la faveur du trouble qu'elle a causé. Ceci résulte encore des travaux préparatoires de cette loi. Nous lisons, en effet, dans le rapport présenté au nom de la Commission par l'honorable M. Berthauld :

« Le projet de loi frappe d'inaliénabilité, place hors « du commerce, tous les biens meubles et immeubles « sur lesquels l'insurrection aura exercé pour son « compte, ou laissé exercer, *par la complicité de son « inertie*, une mainmise. » Comment après cela soutenir le système du jugement ? Est-ce que le vol dont l'abbé Moléon a été victime aurait eu lieu sans la Commune, et n'est-ce pas elle qui l'a laissé commettre ? S'il faut en outre qu'on puisse indiquer les auteurs du vol et en préciser les circonstances, quand la loi sera-t-elle donc applicable ?

Nous croyons donc que, pour qu'il y ait lieu à application de la loi du 12 mai 1871, il suffira de prouver qu'on était propriétaire au moment de la Commune et qu'on a été dépossédé pendant la durée de l'insurrection.

Cette loi a aggravé dans une certaine mesure la responsabilité des changeurs, ainsi qu'il résulte d'un jugement du Tribunal civil de la Seine du 20 janvier 1875. (*Droit* du 5 février 1875). Ce jugement est ainsi motivé :

« Attendu qu'aux termes de l'art. 1er de la loi du 12 mai 1871, promulguée le 19 du même mois, sont déclarés inaliénables jusqu'à leur retour entre les mains du propriétaire, tous les biens meubles ou immeubles des particuliers, qui ont été soustraits, saisis, mis sous séquestre ou détenus d'une manière quelconque depuis le 18 mars 1871, au nom de tout pouvoir insurrectionnel de Paris, par les agents de ce pouvoir, toute personne s'autorisant de ses ordres, ou tout individu ayant agi même sans ordres, à la faveur de la sédition ; qu'aux termes de l'art. 2 de la même loi, les aliénations opérées depuis sa promulgation ne peuvent donner lieu à l'application des art. 2279 et 2280 du Code civil, et que les biens aliénés peuvent être revendiqués pendant trente ans contre tout détenteur, sans aucune condition d'indemnité.

« Attendu que Chesnier du Chesne justifie que le bon Lombard 1875, n° 39918, lui a été enlevé dans les conditions prévues par l'art. 1er de la loi du 12 mai 1871 ; qu'il n'est pas établi que Charles Bonnier ait acquis ce titre avant le 12 mai 1871 dans un marché public ou d'une personne ayant qualité pour vendre des choses pareilles ; que l'aliénation du bon Lombard faite le 10 juin 1871 et celles qui l'ont suivie sont radicalement nulles ; qu'Auberger ne peut donc demander la main-levée de l'opposition pratiquée à la requête de Chesnier du Chesne et des dommages-intérêts pour le préjudice que cette opération lui aurait causé ; qu'au contraire, Chesnier Duchesne est fondé à exiger qu'Auberger lui remette le bon Lombard 1875, n° 39918, qu'il détient en ce moment et les coupons y afférents ou leur valeur, depuis le 19 décembre 1871 ; qu'il est également fondé à refuser de restituer à Auberger le prix d'acquisition de ce titre ;

« Attendu que cette décision rend sans objet la demande en garantie formée par Chesnier Duchesne contre Chevallier et Jeanne, changeurs ;

« Attendu qu'Auberger, au lieu d'exercer une action en garantie contre Laurent, qui lui a livré le titre dont il est dépossédé, s'est adressé directement à Chevalier et Jeanne ; que, s'il eût agi contre Laurent, il est certain que, par suite des demandes en garantie et sous-garantie qui auraient surgi, Lehoux, obligé de restituer à celui à qui il avait vendu le titre, le prix versé par ce dernier, aurait été en droit de contraindre Chevallier et Jeanne à l'indemniser du préjudice que cette restitution lui aurait causé, par cela seul qu'ils lui avaient donné l'ordre de vendre un titre inaliénable ; que, pour justifier la demande formée contre Chevallier et Jeanne, afin d'éviter des frais et des lenteurs, Auberger entend prouver que ces changeurs ont commis une faute engageant leur responsabilité ;

« Attendu que Chevallier et Jeanne ont accepté la mission, de faire vendre le bon Lombard revendiqué, le 10 juin 1871, c'est-à-dire quelques jours après la fin de l'insurrection ; que n'ignorant pas que, pendant la Commune, de nombreuses saisies et des vols non moins nombreux avaient eu lieu, et connaissant la loi du 12 mai 1871, faite pour protéger les victimes de ces saisies et de ces vols, ils étaient tenus, à raison de l'époque où se présentait à eux le porteur du bon Lombard, à prendre des précautions exceptionnelles ; qu'ils ne l'ont pas fait et ont versé le jour même de la remise du titre 150 francs à titre d'avance ; qu'il résulte de l'examen de leurs livres que Charles Bonnier avait dit demeurer rue du Four-Saint-Germain, 76, puis 79, puisque le premier numéro primitivement écrit a été rayé ; que cette circonstance aurait dû éveiller leurs soupçons ; qu'ils ne paraissent pas avoir vérifié si Charles Bonnier demeurait bien à l'adresse indiquée, ni quelle était son individualité ; qu'ils auraient su, s'ils avaient fait les démarches nécessaires, qu'il n'avait jamais habité rue du Four-Saint-Germain, 76, et que, s'il logeait, le 10 juin 1871, au n° 79 de la même rue, ce qui n'est pas certain, il y demeurait seulement depuis quelques jours et qu'il se trouvait dans une situation qui ne devait pas inspirer confiance ; qu'il est donc démontré que, dans les conditions où Chevallier et Jeanne ont consenti à mettre en circulation le bon Lombard, ils ont commis une imprudence grave, une faute qui les oblige à indemniser ceux à qui cette mise en circulation a causé un préjudice ; qu'Auberger est donc fondé à leur réclamer la somme de 500 francs par lui versée à Laurent lors de l'acquisition du titre et le montant des coupons qu'Auberger est tenu de remettre à Chesnier du Chesne pour lui tenir lieu de ceux qui ont été détachés du titre, depuis le 19 décembre 1871 ;

« Attendu que les agissements de Chevallier et Jeanne ont

causé à Chesnier du Chesne un préjudice dont il lui est dû réparation et que le Tribunal est en mesure de fixer à 100 francs les dommages-intérêts qui doivent lui être alloués. »

CHAPITRE II.

Présentation et adoption de la loi du 15 juin 1872.

Mais la loi spéciale du 12 mai 1871 ne pouvait suffire. Au lendemain de la Commune, le 27 juillet 1871, M. Dufaure, alors garde des sceaux, présenta à l'Assemblée nationale un projet de loi sur les *Titres au porteur détruits, perdus ou volés*. Ce serait une erreur de croire, comme l'a prétendu la *Gazette des Tribunaux*, dans un article publié le 19 juin 1872, que ce projet ne s'appliquait qu'aux titres détruits, perdus ou volés pendant la guerre ou la Commune. Pour se convaincre du contraire, il suffit de lire l'article 2 de ce projet : « *Le propriétaire de titres au* « *porteur, qui en est dépossédé par* **quelque événe-** « **ment que ce soit,** *peut se faire restituer contre* « *cette perte dans la mesure et sous les conditions déter-* « *minées par la présente loi.* »

L'urgence fut déclarée sur la proposition de M. Dufaure ; mais le rapport, rédigé par M. Grivart, ne fut déposé que dans la séance du 10 mai 1872, et le projet de la commission adopté, sans modification et presque sans discussion, dans la séance du 15 juin suivant.

Ce retard est fâcheux; mais la loi ne s'en applique pas moins aux titres dont on a été dépouillé avant sa promulgation. C'est l'avis de M. Buchère, conseiller à la Cour d'appel de Paris, dans son *Traité des valeurs mobilières* (1): « On ne pourrait objecter, dit-il, que la loi n'a pas d'effet rétroactif. Sans doute une loi nouvelle ne peut modifier les conditions ni les conséquences d'un contrat souscrit en exécution des lois qui existaient à l'époque de la convention, non plus que la capacité des contractants à la même époque.

« Mais lorsqu'elle n'a pour objet que de prévoir un fait nouveau, ne touchant en aucune manière la nature du contrat, lorsqu'elle se borne à indiquer les formes à employer pour garantir l'exécution de ce contrat, elle devient immédiatement applicable même aux faits antérieurs à sa promulgation. C'est ce que la jurisprudence a reconnu en déclarant les lois de procédure immédiatement exécutoires même dans les procès déjà commencés, sous la réserve de la validité des actes antérieurement signifiés.

« Dans l'espèce il s'agit uniquement de formalités

---

(1) *Traité théorique et pratique des valeurs mobilières*, 1 vol. in-8, Marescq aîné, Paris.

à remplir pour recouvrer dans une certaine mesure la jouissance de titres perdus. Les conditions du contrat existant entre les compagnies et les porteurs de valeurs émises ne sont pas modifiées, et peu importe à cet égard l'époque où la perte des titres a eu lieu. La position est la même vis-à-vis des tiers porteurs. S'ils ont acquis les titres avant la publication de l'opposition, leurs intérêts sont garantis et régis par les règles du droit commun. S'ils achètent postérieurement, comment seraient-ils admis à contester la validité de cette opposition comme concernant des valeurs perdues antérieurement à la loi, alors que leur possession est postérieure et que le contrat qui lui donne naissance a été souscrit à une époque régie par la loi nouvelle? Aucune difficulté ne peut donc s'élever, à notre avis, contre le droit des propriétaires dépouillés de leurs titres à une époque antérieure, à invoquer le bénéfice de cette loi, en se soumettant aux conditions qu'elle impose. »

La commission chargée d'examiner la proposition de M. Dufaure avait consacré en principe les idées du Gouvernement, mais avait apporté quelques changements au projet primitif. Ainsi ce projet établissait dans son article 1er une prescription de trois ans contre l'action en paiement des intérêts et dividendes, et de cinq ans contre l'action en remboursement du capital. La commission n'avait pas voulu accepter ce principe, en faisant observer qu'en général la prescription était établie en faveur des débiteurs, et qu'ici ils ne la réclamaient pas. Elle avait cru répondre à l'idée qui avait inspiré cette disposition, en donnant au paiement des effets aussi complètement libératoires que si la prescription était accomplie.

C'était là le principal changement apporté par la commission au projet du Gouvernement. Les autres modifications consistaient dans des mesures de détail qui n'altéraient en rien l'économie de la loi.

Nous allons examiner ce système et nous étudierons successivement les droits du propriétaire dépossédé vis-à-vis des tiers porteurs, des établissements débiteurs et des agents de change. Nous verrons ensuite dans quels cas il y a lieu d'appliquer soit la loi nouvelle, soit celle du 12 mai 1871, et enfin les articles 2279 et 2280 du Code civil.

CHAPITRE III.

Examen de la loi. — Première partie : art. 1 à 10. — Opposition au paiement du capital et des coupons ou intérêts aux mains de l'établissement débiteur. — Autorisation de recevoir les capitaux et intérêts. — Contradiction et non-contradiction de l'opposition. — Caution et nantissement. — Dépôt à la Caisse des consignations. — Coupons. — Opposants et tiers porteurs. — Situation de l'établissement débiteur.

Nous répéterons d'abord ce que nous avons dit

plus haut, que la loi nouvelle s'applique au propriétaire dépossédé par *quelque événement que ce soit.*

Avant la loi du 15 juin 1872, une jurisprudence constante refusait d'appliquer au propriétaire, dépossédé par *abus de confiance* ou *escroquerie,* l'exception apportée, en cas de *perte* ou de *vol,* à la règle « en fait de meubles, possession vaut titre », édictée par l'article 2279. La loi du 15 juin 1872 supprime ces distinctions, et le propriétaire de titres au porteur en peut recueillir le bénéfice, quel que soit l'événement par lequel il a été dépossédé.

Mais cette loi constitue une faveur, et il faut, par suite, pour qu'elle soit applicable, que toutes les formalités qu'elle prescrit soient accomplies.

C'est ce qui a été décidé par un arrêt de la Chambre des requêtes du 14 juillet 1874 (*Recueil périodique* de Dalloz, année 1875, 1re partie, p. 223), dans une espèce où la Cour d'Angers avait statué ainsi, par son arrêt du 3 décembre 1873 :

« La Cour, attendu qu'il est constant en fait que, au cours du mois de novembre 1872, le lieutenant-colonel de Negrier a déposé à la succursale de la Banque Valleise, alors établie à Angers, la somme nécessaire à l'achat de 200 francs de rente française, avec mandat exprès de l'employer à cet achat;

« Attendu que, le 28 du même mois, l'achat de rente française prescrit par de Negrier n'ayant pas été fait, un employé de la Banque Valleise remit à de Negrier six titres de rente italienne au porteur, représentant 400 francs de revenu;

« Attendu que ces titres italiens avaient été déposées à la Banque Valleise par Bruneau, avec mandat d'en toucher pour lui les coupons échus, et qu'il est reconnu que les titres au porteur remis à de Negrier étaient ceux qu'avaient déposés Bruneau;

« Attendu que, selon les dispositions des art. 2279 et 2280 du Code civil, Bruneau n'ayant pas été dépossédé de ses titres au porteur par suite d'un vol ou d'une perte, n'aurait pas d'action contre de Negrier, invoquant la maxime, possession vaut titre;

« Attendu que Bruneau prétend trouver le principe d'une action en restitution dans la loi du 15 juin 1872, qui a modifié les art. 2279 et 2280, et que le jugement dont est appel, admettant cette prétention, a condamné de Negrier, envers Bruneau, à la restitution des titres, ou à 8,000 francs de dommages-intérêts;

« Attendu que l'art. 1er de la loi du 15 juin 1872 porte : « Le propriétaire de titres au porteur, qui en est dépossédé par quelque événement que ce soit, peut se faire restituer contre cette perte dans la mesure et sous les conditions déterminées dans la présente loi. »

« Attendu que ces conditions, déterminées par la loi du 15 juin 1872, sont : 1° que le propriétaire dépossédé d'un titre au porteur fasse notifier par huissier à l'établissement débiteur un acte indiquant la nature, le nombre, la valeur, le numéro des titres (art. 2e de la loi); 2° que l'opposant qui veut prévenir la négociation ou la transmission des titres dont il a été dépossédé, notifie son opposition par huissier au Syndicat des agents de change de Paris (art. 11 de la loi);

« Attendu que Bruneau n'a rempli aucune des formalités prescrites par ces deux articles;

« Attendu, en principe, qu'une loi spéciale, dérogeant aux règles générales du Code civil, doit être strictement limitée aux exceptions qu'elle édicte expressément;

« Attendu que la loi du 15 juin 1872 reconnaît formellement ce principe en déclarant (art. 14) que, à l'égard des négociations ou transmissions antérieures à la publication de l'opposition, il n'est pas dérogé aux dispositions des art. 2279 et 2280;

« Par ces motifs, infirme le jugement du tribunal civil d'Angers du 13 mai 1873. »

Sur le pourvoi, la Chambre des requêtes a motivé ainsi son arrêt :

« Attendu que Bruneau, demandeur en revendication, invoquant le bénéfice de l'art. 1er de la loi du 15 juin 1872, était tenu de justifier de l'accomplissement des conditions auxquelles cet article même subordonne l'exercice du droit de revendication, à savoir : 1° la notification à l'établissement débiteur prescrite par l'art. 2; 2° la notification au Syndicat des agents de change de Paris, suivie d'une publication spéciale, conformément à l'art. 11 ;

« Attendu que le demandeur objecte vainement l'inutilité de ces notifications et publications dans les circonstances particulières de la cause, et l'impossibilité où il aurait été d'y procéder avant la transmission faite au défendeur éventuel ; qu'en effet, la loi précitée déclare expressément par ses art. 12 et 14 que le propriétaire dépossédé ne pourra exercer le droit de revendication résultant à son profit de l'art. 1° que contre les tiers porteurs en vertu des négociations ou transmissions postérieures à l'accomplissement des conditions susénoncées, et qu'à l'égard des négociations ou transmissions antérieures, il n'est pas dérogé aux art. 2279 et 2280 ;

« Attendu que la préférence accordée par la loi du 15 juin 1872, dans les cas prévus, au propriétaire dépossédé sur le tiers possesseur de bonne foi, constitue une faveur exceptionnelle, une dérogation aux règles ordinaires en matière de possession, qui ne sauraient être étendues au delà des limites fixées par la loi elle-même ;

« Et attendu qu'il est déclaré en fait, par l'arrêt attaqué, que le demandeur en cassation n'a rempli aucune des formalités prescrites par la loi du 15 juin 1872 ; qu'il n'est d'ailleurs, ni constaté, ni même allégué que le défendeur éventuel ait connu l'abus de confiance commis par la personne qui lui a transmis les titres dont il s'agit ; qu'en déclarant, dans ces circonstances, le demandeur mal fondé dans sa demande en revendication, la Cour d'appel d'Angers, loin de violer ou faussement appliquer les textes visés au pourvoi, en a fait, au contraire, une juste application, rejette, etc., etc. »

Nous allons examiner quelles sont les formalités substantielles prescrites par la loi du 15 juin 1872.

Le propriétaire dépossédé a deux dangers à prévenir : le premier, c'est d'empêcher que les revenus de ses valeurs ne soient touchés par celui qui s'en est abusivement emparé ; le second, que quelqu'un ne devienne possesseur légitime de ses titres.

Pour parer au premier, il devra, aux termes de l'article 2, faire notifier par huissier, à l'établissement débiteur, un acte indiquant : le nombre, la nature, la valeur nominale, le numéro, et, s'il y a lieu, la série des titres. Il devra aussi, autant que possible, énoncer : 1° l'époque et le lieu où il est devenu propriétaire, ainsi que le mode de son acquisition ; 2° l'époque et le lieu où il a reçu les derniers intérêts ou dividendes ; 3° les circonstances qui ont accompagné sa dépossession. Le même acte contiendra une élection de domicile dans la commune du siège de l'établissement débiteur. Cette notification emportera opposition au paiement tant du capital que des intérêts ou dividendes échus ou à échoir.

Cette opposition a pour effet non-seulement d'empêcher le paiement des intérêts et dividendes échus entre les mains de tierces personnes, mais aussi de permettre au propriétaire dépossédé de les toucher lui-même.

« Lorsqu'il se sera écoulé une année depuis l'opposition *sans qu'elle ait été contredite*, et que, dans cet intervalle, deux termes au moins d'intérêts ou de dividendes auront été mis en distribution, l'opposant pourra se pourvoir auprès du président du tribunal civil du lieu de son domicile, afin d'obtenir l'autorisation de toucher les intérêts ou dividendes échus ou à échoir au fur et à mesure de leur exigibilité, et même le capital des titres frappés d'opposition dans le cas où ledit capital serait ou deviendrait exigible. » (Art. 3).

La contradiction peut résulter soit d'une autre opposition, soit d'une demande en revendication des titres.

Mais la simple présentation des coupons par une tierce personne peut-elle constituer une véritable contradiction ?

La jurisprudence du tribunal civil de la Seine est hésitante sur ce point. L'affirmative a été admise par un jugement de la 6e Chambre du tribunal du 26 décembre 1876 (*Droit* du 4 avril 1877) ainsi motivé :

« Attendu que la Compagnie défenderesse se déclare avec raison sans qualité pour contester à Jouffroy ses droits de propriété sur les valeurs réclamées ; — Qu'elle se borne à lui opposer les dispositions de la loi du 15 juin 1872, et à prétendre que la présentation des coupons à fin de paiement à la caisse de ladite Compagnie, par un autre que le demandeur, constitue la contradiction prévue par l'art. 10 de ladite loi ; — Attendu qu'en effet, le législateur, éclairé sur le mode de paiement des dividendes ou intérêts des valeurs au porteur, n'a point entendu restreindre au dépôt même du titre de l'obligation ou de l'action, l'application dudit article de loi ; — Attendu que, dans l'espèce, trois séries de coupons afférents aux valeurs dont il s'agit ont été déposées au nom d'un autre que Jouffroy ; — Que ce dépôt fait supposer un droit contraire à celui de ce dernier ; — Que la Compagnie ne peut s'en faire juge ; — Que, conformément aux prescriptions mêmes de la loi, elle doit suspendre tout paiement jusqu'à ce qu'il ait été statué par justice entre l'opposant et le tiers porteur, etc., etc. »

Et par un autre jugement de la 3e Chambre du 30 janvier 1879 (*Droit* du 8 août 1879), dont nous extrayons les motifs suivants :

« Le Tribunal :—En ce qui touche la Compagnie du Midi ; — Attendu qu'il est constant pour le Tribunal que Frison, en sa qualité de légataire universel de l'abbé Esquerre, son oncle, est propriétaire de quinze actions de la Compagnie du chemin de fer du Midi, portant les nos, etc., lesquelles actions dépendaient de la succession de la demoiselle Bernade Casaux, décédée le 23 août 1872, après avoir institué pour son légataire universel l'abbé Esquerre ;—Attendu qu'il résulte des documents de la cause que ces actions furent soustraites à la demoiselle Casaux par un sieur Vincent Costa, qui prit la fuite et qui fut condamné par défaut, pour ce fait, à deux années d'emprisonnement, par jugement du Tribunal correctionnel de Bordeaux, en date du 24 décembre 1872 ; — Attendu qu'en conformité de l'art. 2 de la loi du 25 juin 1872, la demoiselle Casaux a, suivant exploit de Christophe, huissier à Bordeaux, en date du 17 juin 1872, pratiqué une saisie-arrêt sur lesdites valeurs et s'est opposée au paiement, tant du capital que des coupons échus ou à échoir; — Attendu que malgré cette opposition, la Compagnie du Midi a acquitté entre les mains du sieur Babo les coupons des actions dont s'agit à l'échéance du 1er juillet 1872; — Attendu qu'après avoir reconnu sa responsabilité et offert de payer à Frison le montant de ces coupons, ladite Compagnie soutient vainement que la présentation de ces coupons a constitué une contradiction à l'opposition et que Frison aurait dû appeler en cause ledit Babo; — Qu'en effet, l'art. 10 de la loi de 1872 imposait à la Compagnie une double obligation, qui consistait : 1° à retenir provisoirement les coupons contre un récépissé donné au tiers porteur; 2° à avertir l'opposant par lettre chargée de la présentation du titre en lui faisant connaître le nom et l'adresse du tiers porteur;

« Attendu que la Compagnie n'a satisfait à aucune de ces obligations; qu'en payant indûment le tiers porteur elle a privé l'opposant de la garantie que lui assure l'art. 10, et lui a enlevé le bénéfice d'un débat contradictoire, puisque ledit Babo a disparu et qu'il n'avait plus d'intérêt d'ailleurs à venir débattre devant la justice, des droits de propriété devenus sans objet pour lui;

« Qu'en agissant ainsi, la Compagnie défenderesse a commis une faute dont elle doit la réparation, et que cette réparation doit être du montant des coupons payés à Babo; — En ce qui touche Abaroa et Goguel (sans intérêt); — En ce qui touche Charbonneau (également sans intérêt); en ce qui touche Hirsch : — Attendu que Hirsch tenait de la maison Kayser et Ce, banquiers à Londres, les quinze coupons des actions litigieuses à l'échéance du 1er janvier 1854, qu'il a présentés à la Compagnie du Midi; qu'il n'élève aucun droit à la propriété desdits coupons, pas plus que la maison Kayser et Ce, malgré la connaissance qu'elle a eue du procès, soit par son mandataire, soit par Frison lui-même; que, dans cette situation, le demandeur n'avait point à assigner la maison de Londres, qui ne contestait pas son droit de propriété ; — Attendu, d'ailleurs, qu'en matière de valeurs industrielles, les porteurs de coupons doivent être considérés, jusqu'à preuve contraire, comme les propriétaires desdits coupons, et par conséquent comme les contradicteurs légitimes à l'opposition ; que Abaroa et Hirsch se trouvent dans ce cas, et que c'est avec eux seulement que la contradiction devait être jugée, qu'autrement les propriétaires de valeurs volées ou perdues seraient exposés, après avoir rempli les formalités édictées par la loi de 1872, d'entamer des procédures fort longues et fort coûteuses contre tous les détenteurs successifs des titres pour arriver le plus souvent à des individus ayant donné de faux noms et de fausses adresses ; qu'un résultat semblable serait évidemment contraire à l'esprit et au but de la loi de 1872 ;

Dans le sens de la négative, nous citerons un jugement de la 1re Chambre du 27 janvier 1875 (*Droit* du 11 mars 1875), dont voici les motifs :

« En ce qui touche les titres non présentés dont la veuve Mareschal demande à se faire attribuer la propriété, contradictoirement avec les Compagnies ;

« Considérant que la législation nouvelle a entendu offrir aux propriétaires de titres volés ou perdus une double voie de recours, soumise à des règles différentes, suivant que le titre revendiqué n'était point représenté, ou que le porteur des titres venait réclamer le paiement à l'établissement débiteur ; — Attendu que, dans le premier cas, en l'absence d'un porteur se prétendant propriétaire, dont la contradiction eût pu éclairer le débat, la loi n'a pas voulu que la question de propriété fût définitivement jugée ; qu'elle a organisé un ensemble de mesures provisoires de nature à faire jouir l'opposant en laissant intact le fond du droit ; que la veuve Mareschal, privée par le silence du porteur, de tout moyen d'obtenir la remise du titre lui-même, doit recourir à la seule procédure qui puisse lui assurer une situation presque équivalente, mais qu'elle ne peut, en aucun cas, revendiquer ses titres contre les Compagnies, qui n'ont pas qualité pour contredire efficacement à sa demande; — Attendu que la loi de 1872, en prescrivant aux établissements débiteurs d'informer l'opposant du nom et du domicile du tiers porteur, a entendu obliger l'opposant ainsi prévenu à faire juger contradictoirement son droit avec le tiers porteur se prétendant propriétaire du titre; — Attendu que pour être recevable en sa revendication, l'opposant doit amener devant la justice le tiers porteur réel et non un simple porteur de coupons; — Attendu, en effet, que la présentation d'un coupon ne constitue pas une preuve, mais une simple présomption de la possession du titre; qu'il y a lieu d'examiner, suivant les espèces, la portée des preuves produites par la veuve Mareschal; — Attendu qu'à l'égard des mandataires et des simples intermédiaires porteurs de titres ou de coupons, le principe posé doit s'appliquer avec la même rigueur; que l'opposant est tenu de citer en justice le prétendu propriétaire qui lui est signalé. »

Et un jugement de la 6e Chambre du 25 mai 1880 (*Droit* du 15 septembre 1880), dont nous extrayons les motifs suivants:

« Attendu que Fulda, banquier à Mayence, et Effecten et Wechsel, banquiers à Leipsig, ayant été détenteurs, savoir : le premier de quatre coupons, échéance de janvier 1875, détachés des quatre premières obligations susdésignées, et les seconds, d'un coupon, échéance de janvier 1873, afférents à la cinquième, et que les conclusions du demandeur tendent à faire reconnaître, vis-à-vis d'eux, son droit à la propriété desdites obligations; — Attendu que la propriété des titres ne peut être débattue qu'avec des contradicteurs qui en sont réels possesseurs et s'en prétendent propriétaires; — Attendu qu'il ne résulte d'aucun document du procès que les défenseurs possèdent les obligations revendiquées et élèvent des prétentions à leur propriété; — Attendu que si la détention des coupons laisse en général présumer la possession des titres, dans l'espèce, cette présomption simple, atténuée déjà par ce fait que les défendeurs ne sont porteurs que d'une seule échéance de coupons, tombe devant cette autre circonstance qu'ils sont banquiers et font profession d'escompter des valeurs pareilles; — Attendu, en conséquence, qu'en l'état, la demande en revendication des titres n'est pas recevable; —Mais attendu, en ce qui touche les coupons présentés à la Compagnie de l'Ouest et retenus par elle, qu'il est constant que Fulda et la banque Effecten et Wechsel ont été en possession et ont réclamé par intermédiaire le paiement des coupons susénoncés; — Que ces coupons ont été détachés d'obligations portant les mêmes numéros dont Baune-Chauvigny justifie avoir été dépossédé; — Attendu que le droit actuel de celui-ci à la propriété desdits coupons n'est pas contesté et que, sur ce point, sa demande en revendication doit être admise; — Mais qu'il n'y a lieu de statuer sur les autres coupons présentés au paiement par des tiers porteurs qui ne sont pas en cause; — Attendu, quant à la Compagnie de l'Ouest, que sa présence au procès n'a pour but que d'entendre déclarer le jugement commun pour en assurer l'exécution; qu'elle ne doit donc supporter aucuns dépens; — Mais, attendu que sa mise en cause a été la conséquence de la demande principale et que les dépens doivent, en définitive, être supportés par les défendeurs qui succombent. »

Quant à nous, nous n'hésitons pas à adopter l'affirmative; nous n'essayerons même pas de concilier ces décisions, en disant que la présentation des coupons sera une contradiction suffisante quand il s'agira d'empêcher l'établissement débiteur de payer, et ne suffira pas lorsqu'il s'agira de débattre le droit de propriété. Ce serait faire une situation des plus fâcheuses au propriétaire dépossédé, au secours duquel la loi a entendu venir. Si la loi a voulu que deux termes d'intérêts ou de dividendes fussent mis en distribution pour que l'autorisation puisse être obtenue, c'est qu'évidemment la demande de paiement des intérêts ou dividendes constitue la contradiction exigée. C'est au possesseur des coupons, s'il veut échapper à l'action de l'opposant, à déclarer qu'il ne prétend pas être propriétaire des titres, et à révéler ce véritable propriétaire, ou du moins celui de qui il tient les coupons ; sinon il doit être considéré comme le contradicteur de celui qui se prétend dépossédé.

On voit que l'article 3 établit en pareil cas la compétence du tribunal civil.

Autrefois, lorsque le paiement des intérêts ou la délivrance de nouveaux titres était réclamé à une compagnie industrielle, c'était le Tribunal de commerce qui était compétent. La loi nouvelle donne cette compétence au Tribunal civil. Cette disposition doit-elle avoir un effet rétroactif ? L'affirmative a été décidée par jugement du Tribunal de commerce de la Seine, rendu le 5 octobre 1872 (D. P., 1872, III, p. 87), ainsi motivé :

« Attendu que Mennechy demande que la Compagnie du chemin de fer de l'Ouest soit tenue de lui restituer de nouveaux titres pour dix obligations de ladite Compagnie qu'il aurait perdues, et subsidiairement, que la Compagnie soit tenue de déposer les arrérages afférents auxdites obligations, au fur et à mesure de leur échéance, à la Caisse des dépôts et consignations, pour, par lui, en toucher le montant sur sa simple quittance ;

» Attendu que la compagnie oppose le renvoi, en s'appuyant

sur la loi du 15 juin dernier, qui attribue aux tribunaux civils la connaissance des demandes formées contre les compagnies, à l'occasion des titres perdus ;

« Attendu que, pour repousser l'exception, le demandeur soutient que les faits qui donnent lieu à l'instance actuelle étant antérieurs au 15 juin, la loi précitée ne saurait avoir d'effet rétroactif et ne serait pas applicable dans l'espèce ;

« Mais attendu qu'il est évident que la loi du 15 juin a un caractère exceptionnel, qu'elle a été motivée par les circonstances, qu'elle a eu surtout pour but de régulariser la position des propriétaires d'actions au porteur dont les titres ont été perdus, volés ou brûlés pendant les événements de la guerre et de la Commune; que le Tribunal n'a qu'à s'incliner devant la loi qui le dessaisit et n'a pas à se préoccuper si, dans l'espèce, l'application des dispositions de cette loi peut avoir lieu avec ou sans effet rétroactif; que cette appréciation appartient au tribunal civil, qui devient le seul tribunal compétent ; qu'en conséquence, il y a lieu d'admettre l'exception. »

L'article 4 indique les garanties à fournir par l'opposant pour être autorisé à toucher les intérêts ou dividendes. Ces garanties consistent en une caution à fournir par l'opposant, ou à défaut de caution, dans le dépôt par l'établissement débiteur, à la Caisse des dépôts et consignations, des intérêts ou dividendes échus ou à échoir.

L'autorisation du président sert non-seulement à toucher les intérêts, mais permet encore d'obtenir le remboursement du capital lorsqu'il devient exigible, à la charge de fournir caution, à moins que l'intéressé ne préfère que le montant dudit capital et des intérêts soit déposé à la Caisse des dépôts et consignations. La caution sera déchargée et le dépôt pourra être retiré, pour les intérêts, après deux ans depuis l'autorisation, et pour le capital, au bout de dix ans depuis l'époque de l'exigibilité, et cinq ans au moins à partir de l'autorisation, sans que l'opposition ait été contredite (art. 5).

La solvabilité de la caution sera appréciée comme en matière commerciale, et les difficultés sur ce point seront tranchées en référé par le président du Tribunal du domicile de l'établissement débiteur (art. 6). Le même article donne la faculté de remplacer la caution par un nantissement qui pourra être constitué en titres de rentes sur l'État. Cette disposition n'a pas un caractère limitatif et a été insérée dans la loi pour prévenir un doute qui aurait pu s'élever, en raison de l'insaisissabilité des rentes sur l'État.

Si le président refuse l'autorisation, l'opposant peut s'adresser au Tribunal, qui statue, le ministère public entendu. Ce jugement sera-t-il susceptible d'appel ? La loi n'en parle pas, et la raison de douter se trouverait dans la célèbre controverse, qui n'est pas encore terminée, sur les actes de juridiction gracieuse et de juridiction contentieuse. Cependant, nous croyons que c'est dans cette dernière catégorie qu'il faut ranger la décision dont nous parlons, et nous en voyons une preuve dans la présence du ministère public. Nous ajouterons qu'en l'absence d'un texte, l'appel est de droit. Mais alors quels seront les délais ? Ils ne peuvent courir, comme en matière ordinaire, de la signification du jugement, puisque l'opposant n'a pas de contradicteur. Il faudra donc appliquer la règle de l'article 2262 du Code civil, et dire que l'opposant aura trente ans pour former appel, à dater du jour du jugement. Cet appel devra être formé par voie de requête adressée au premier président, et la Cour devra statuer, également le ministère public entendu.

L'article 8 permet à celui qui a perdu seulement des coupons détachés du titre de les toucher après trois années, si l'opposition n'a pas été contredite, sans être tenu de se pourvoir d'autorisation et, faut-il ajouter, de fournir caution. Il faut remarquer que c'est là une faveur et non une obligation, et que celui qui a perdu les coupons peut, s'il le préfère, toucher les coupons une année après son opposition, en demandant l'autorisation et fournissant caution.

L'article 9 enseigne que l'établissement débiteur sera libéré par le paiement, fait suivant les règles ci-dessus; et l'article 10 indique les devoirs de cet établissement débiteur, lorsqu'il se présente un tiers porteur des titres frappés d'opposition.

« Il doit provisoirement retenir ces titres contre un récépissé remis au tiers porteur ; il doit, de plus, avertir l'opposant, par lettre chargée, de la présentation du titre, en lui faisant connaître le nom et l'adresse du tiers porteur. » Le tiers porteur ne pour-

2.

rait pas se soustraire au débat avec le propriétaire dépossédé, en transmettant le récépissé à une autre personne.

C'est ce qui a été décidé par un jugement du Tribunal civil de la Seine, du 5 avril 1876 (*Droit* du 14 mai 1876), ainsi motivé :

« Attendu que si la veuve Mareschal, avertie par lettre chargée émanant du Crédit agricole, qu'un porteur de bon s'était présenté et que le titre était retenu, devait agir contre Faivre, pour faire juger contradictoirement son droit, celui-ci, connaissant le vice du titre, ayant été désintéressé par son vendeur depuis plusieurs mois, aurait dû consentir sur-le-champ la délivrance du bon à la veuve Mareschal ; que, loin de se prêter aux légitimes exigences de la demanderesse, il a conclu à ce qu'elle fût déclarée mal fondée, a appelé en cause Allard et a soutenu qu'ayant cessé d'être en possession du bon et du récépissé, il n'avait pas qualité pour défendre à la demande ; — que la résistance du défendeur a eu pour conséquence de multiplier les recours en garantie et d'accroître les frais, en présence d'un débat judiciaire qui n'avait plus de cause ;

« Attendu que le récépissé délivré, aux termes de l'art. 10 de la loi du 15 juin 1872, au porteur de la valeur mobilière revendiquée, ne forme pas un titre transmissible dont la tradition dégage le porteur de la nécessité de donner décharge personnelle à l'établissement débiteur, au moment où s'opère la restitution amiable entre les mains de l'opposant ; que le porteur n'est libéré de l'obligation d'intervenir personnellement que dans le cas où une décision de justice a vidé la question de propriété ;

« Qu'il suit de là que Faivre, mis en demeure par l'assignation, a eu tort de conclure au mal fondé de la demande et d'exercer un recours qu'il savait être sans objet ;

« Qu'il doit être condamné aux dépens vis-à-vis de la veuve Mareschal, d'Allard et de Mayer. »

Faute de satisfaire aux prescriptions de l'article 10, l'établissement débiteur peut être obligé de payer deux fois. C'est ce qui a été décidé par un jugement du Tribunal de commerce de la Seine, du 19 mai 1874 (D. P., 1876, I, 351), dont nous extrayons les motifs suivants :

« Attendu que la Compagnie défenderesse repousse la demande, soutenant, d'une part, que, sur l'opposition faite entre ses mains, elle aurait fait connaître au demandeur le nom et l'adresse du porteur, en l'engageant à remplir les formalités voulues par la loi ; que, d'autre part, le demandeur aurait dû saisir les tribunaux compétents pour avoir une désision le reconnaissant propriétaire des titres ;

« Sur le premier point opposé par la Compagnie, attendu que s'il est vrai que la Compagnie ait fait connaître à l'Épée le nom du porteur des coupons, il faut remarquer que l'avis de la Compagnie était postérieur de près de six mois à la date de l'opposition ; — qu'il est constant que l'opposition faite entre ses mains est antérieure à la date du paiement effectué à Strasbourg ; qu'en opérant le paiement malgré cette opposition, elle a commis une imprudence qui engage sa responsabilité. »

La Compagnie se pourvut contre cet arrêt, mais le pourvoi fut rejeté par arrêt de la Chambre des requêtes du 29 décembre 1874, ainsi motivé :

« Sur le premier moyen, pris de la violation des art. 3, 7 et 10 de la loi du 15 juin 1872, 2279, Code civil, et 631, Code de commerce ;

« Attendu que le jugement attaqué constate, d'une part, que l'Épée justifie de son droit de propriété sur les quatre coupons frappés par lui d'opposition entre les mains de la Compagnie demanderesse, et, d'autre part, que ladite Compagnie a payé, par l'intermédiaire de sa succursale, à Strasbourg, la valeur de ces coupons postérieurement à cette opposition;

« Attendu que, pour échapper aux conséquences de ce paiement indûment effectué, la Compagnie invoque les dispositions de l'art. 10 de la loi du 15 juin 1872 ;

« Attendu que cet article imposait à la Compagnie une double obligation qui consistait : 1° à avertir l'opposant, par lettre chargée, de la présentation des titres ; 2° à retenir provisoirement lesdits titres, contre un récépissé donné au tiers porteur ;

« Attendu que si la Compagnie a satisfait à la première de ces obligations, elle a formellement méconnu la seconde, en payant, au mépris de l'opposition faite entre ses mains, quatre coupons qui lui étaient présentés par le tiers porteur ; que ce paiement ainsi effectué prive l'opposant de la garantie que lui assure l'art. 10, et lui enlève le bénéfice d'un débat contradictoire avec un tiers porteur qui, après le paiement des coupons par lui présentés, n'a plus d'intérêt à venir débattre devant la justice un droit de propriété devenu sans objet pour lui ;

« Attendu qu'en procédant ainsi, la Compagnie demanderesse a commis une faute dont elle doit la réparation ;

« D'où il suit qu'en condamnant ladite Compagnie à payer à l'Epée la valeur des quatre coupons par lui réclamés, le jugement attaqué n'a pas violé les articles invoqués par le pourvoi, etc., etc. »

Nous avons rapporté plus haut (p. 20 et 21) un jugement de la 4e Chambre du Tribunal civil de la Seine, du 26 décembre 1876, et un autre de la 3e Chambre, du 30 janvier 1879, rendu dans le même sens.

Cela a même été décidé, pour une opposition formée avant la loi, par le Tribunal civil de Lyon, dans les circonstances suivantes (*Droit* des 23 et 24 février

1880) : Un sieur Beaufils ayant été dépossédé de deux obligations de la Compagnie de Madrid à Saragosse, forma, le 29 mars 1871, opposition entre les mains de cette Compagnie au paiement des arrérages de ces deux obligations. Lorsque la loi du 15 juin 1872 fut promulguée, il ne se conforma pas aux dispositions de cette loi. La Compagnie, de son côté, paya les coupons aux tiers porteurs jusqu'en 1878, époque à laquelle elle en refusa le paiement au dernier tiers porteur, Vincent. Celui-ci assigna devant le Tribunal de Lyon Beaufils, qui assigna à son tour la Compagnie de Madrid à Saragosse. Celle-ci fit défaut, et le Tribunal rendit, le 1er mai 1879, un jugement qui fait mainlevée de l'opposition formée par Beaufils, Vincent ayant acheté postérieurement à la loi du 15 juin 1872 des titres non frappés d'opposition à négociation, et condamne par défaut la Compagnie de Saragosse à Madrid à relever et garantir Beaufils de toutes les condamnations de dépens prononcées contre lui, condamne en outre la Compagnie à remettre au sieur Beaufils, dans la quinzaine de la signification du jugement, deux titres de ses obligations pour remplacer ceux dont sa négligence a permis la négociation, et, à défaut de remise de ces titres dans la quinzaine, condamne la Compagnie à payer à Beaufils, avec intérêts du jour de la demande, la somme représentant la valeur desdites deux obligations au cours de la Bourse du 5 mars 1879, date de la demande, et condamne la Compagnie aux dépens vis-à-vis de Beaufils. Mais, sur l'opposition formée par la Compagnie, le Tribunal, par jugement du 14 novembre 1879, modifie sa décision. Tout en maintenant en principe l'obligation de la part de l'établissement débiteur d'avoir égard à l'opposition formée entre ses mains, sous peine de payer deux fois, il déchargea la Compagnie de Madrid à Saragosse des condamnations prononcées contre elle, par le motif que sa responsabilité devenait sans effet, le sieur Beaufils n'ayant pas observé les formalités ultérieures de la loi du 15 juin 1872, et ne pouvant par suite imputer qu'à lui-même l'inefficacité de son opposition vis-à-vis des tiers. Voici ce jugement :

« Le Tribunal :—Attendu que Beaufils, demeurant à Bourg-Achard (Eure), ayant été dépossédé, pendant l'occupation de son village par les Prussiens, de quatre obligations au porteur des chemins de fer de Madrid à Saragosse, a formé, par acte d'huissier, le 29 mars 1871, entre les mains de M. Moreau, syndic des agents de change de Paris, et de M. Rothschild, banquier, pris en qualité de représentant de la Compagnie des chemins de fer de Madrid à Saragosse, opposition tant au transfert et remboursement de ces obligations qu'au service des intérêts dont elles étaient productives ;

« Attendu que ces formalités étaient, avant la loi du 15 juin 1872, tout ce que pouvait faire celui qui avait perdu des titres au porteur ;

« Attendu que la loi du 15 juin 1872 a établi diverses prescriptions qui tendent, les unes à prévenir la négociation à des tiers de bonne foi, des titres au porteur qui seraient perdus, les autres à permettre le paiement des revenus ;

« Attendu que l'art. 11 de ladite loi met à la charge de l'opposant le devoir de requérir la publication des numéros des titres perdus et l'obligation de payer une rétribution annuelle à la Caisse du syndicat des agents de change de Paris ;

« Attendu que Beaufils n'a requis la publication des numéros de ces titres ni après la loi du 15 juin 1872 ni après le 11 avril 1873, jour de la promulgation du règlement d'administration publique sur l'exécution de la loi précitée ;

« Attendu que, le 4 juin 1873, les deux obligations n°s 669,967 et 669,969 des chemins de fer de Madrid à Saragosse, qui font partie de celles revendiquées par Beaufils, ont été vendues en Bourse à des tiers qui les ont transmises à Vincent ;

« Attendu que Beaufils, par sa négligence, s'est mis, aux termes de l'art. 2280 du Code civil, dans l'impossibilité de revendiquer contre les tiers de bonne foi deux obligations dont il s'agit ;

« Attendu que la Compagnie des chemins de fer de Madrid à Saragosse a, malgré l'opposition du 29 mars 1871, continué à payer les coupons des deux obligations n°s 669,967 et 669,969, et a néanmoins déclaré que l'opposition de Beaufils n'était point contredite ;

« Que Beaufils s'est fait autoriser, le 7 septembre 1874, par le président du Tribunal de Pont-Audemer, à toucher les coupons échus ;

« Qu'à la date des 27 et 28 septembre 1876, la Compagnie a fait, avec Beaufils, une convention pour le paiement des coupons, et qu'elle a payé réellement les coupons échus depuis le 1er janvier 1871 jusqu'au 1er juillet 1876 ;

« Attendu que ces dernières circonstances sont sans influence sur la propriété du capital de ces obligations ; propriété qui, dès le mois de juin 1873, était légitimement acquise en faveur de Vincent ou de ses cédants ;

« Attendu que la Compagnie reconnaît qu'elle a à s'imputer d'avoir payé deux fois les coupons des deux obligations pour six ans ; mais que là se borne la responsabilité résultant de sa négligence ;

« Attendu que la Compagnie des chemins de fer de Madrid à Saragosse est donc bien fondée dans l'opposition qu'elle a formée au jugement du 9 juillet 1879, qui la condamne par défaut à relever Beaufils des condamnations aux dépens prononcées contre lui, et, en outre, à lui remettre deux titres de ses obligations ; etc.

La responsabilité des Compagnies peut même s'étendre au delà du paiement des coupons. C'est ce qui a été décidé par la Cour de Paris dans une instance entre les héritiers Provost et la Compagnie des Petites-Voitures, qui avait payé des coupons au mépris d'oppositions. Le Tribunal civil avait déchargé la Compagnie de toute responsabilité. La 3e Chambre de la Cour de Paris a réformé cette décision par un arrêt du 7 février 1880 (*Droit* du 31 mars 1880), où nous puisons les considérants suivants :

« Considérant que, le 13 novembre 1871, les héritiers Provost ont formé opposition, entre les mains de la Compagnie générale des Voitures à Paris, sur 122 obligations de ladite Compagnie qui avaient été soustraites, le 1er mai 1871, après le décès de Provost, leur oncle, et ont fait défense à ladite Compagnie d'en payer les coupons et d'en rembourser la valeur ;

« Considérant que, au mépris de cette opposition, la Compagnie a continué, jusqu'en 1875, à payer les coupons de ces obligations aux différents porteurs qui se sont présentés dans ses bureaux et qu'elle n'a retenu aucun des titres de ces obligations dont les numéros lui avaient été indiqués ; qu'en agissant ainsi, elle a mis les héritiers Provost dans l'impossibilité de revendiquer en temps utile les titres dont ils avaient été dépouillés ; qu'elle a donc commis une faute lourde, reconnue telle par les premiers juges, qui engage sa responsabilité et qui l'oblige à réparer le dommage qu'elle a causé ;

« Considérant, quant à l'importance du préjudice, qu'aucun

des 85 titres réclamés par les héritiers Provost ne leur a été et ne leur sera restitué ; qu'en effet, les porteurs de ces obligations, mis en cause par la Compagnie, ont justifié qu'ils les avaient acquises de bonne foi plus de trois ans avant la date de la réclamation ; que si Menestrier, auteur de la soustraction, a été condamné à en payer la valeur, il est constant que, malgré le paiement et la restitution par lui opérés, les héritiers Provost restent encore créanciers d'une somme supérieure à la valeur des titres qu'ils réclament à la Compagnie ; que leur créance directe contre Menestrier est aujourd'hui d'un recouvrement presque désespéré depuis la faillite de Menestrier ; que le préjudice est donc complet et que la demande doit être entièrement accueillie ; etc.

« Par ces motifs,

« Met l'appellation et ce dont est appel à néant, en ce que les premiers juges ont débouté les héritiers Provost de leur demande contre la Compagnie générale des voitures de Paris ; émendant, décharge lesdits héritiers des dispositions et condamnations contre eux prononcées, et statuant par décision nouvelle, sans s'arrêter à l'exception de chose jugée, ni à la fin de non-recevoir tirée de la prétendue transaction ; au principal, condamne la Compagnie générale des voitures à payer aux héritiers Provost : 1° le montant de tous les coupons par elle payés sur les 85 obligations réclamées depuis le jour de l'opposition, 13 novembre 1871, jusqu'au jour de l'assignation, 11 juin 1875, avec les intérêts de chacun desdits coupons depuis l'échéance ;

« 2° La somme de 7,871 fr., valeur des 85 titres, le tout à titre de dommages-intérêts, avec les intérêts à partir de la demande, 11 juin 1875 ; etc.

Afin de libérer l'établissement débiteur, on a été obligé de ne donner au tiers porteur, qui se présenterait dans la suite, qu'une action personnelle contre l'opposant « qui aurait formé son opposition sans cause. »

Le projet de loi de M. Dufaure ajoutait : « et de mauvaise foi. » Ces mots ont été retranchés par la commission. Il peut arriver, en effet, que l'opposition ait été faite sans cause et que, cependant, l'opposant soit de bonne foi ; c'est ce qui arrivera si des héritiers trouvent dans les papiers de la succession une note mentionnant plusieurs valeurs au porteur, que le défunt aurait vendues lui-même, de son vivant, à l'insu de ses héritiers. Ainsi donc, toutes les fois que le tiers porteur aura fait juger que l'opposant n'était pas le véritable propriétaire, il aura contre lui une action personnelle en restitution des sommes indûment touchées.

CHAPITRE IV.

Suite de l'examen de la loi.—Deuxième partie : art. 10 à 13.—Opposition à la négociation des titres au Syndicat des Agents de change.—Règlement d'administration publique du 10 avril 1873.—Bulletin officiel des oppositions.—Devoirs et responsabilité des agents de change.

Nous avons dit plus haut que le propriétaire dépossédé doit, en second lieu, prévenir la vente des valeurs. Il le fera de la manière indiquée dans l'article 11 : « L'opposant qui voudra prévenir la négo-« ciation ou la transmission des titres dont il a été « dépossédé devra notifier, par exploit d'huissier, au

« Syndicat des Agents de change de Paris, une oppo-
« sition renfermant les énonciations prescrites par
« l'article 2 de la présente loi; l'exploit contiendra
« réquisition de faire publier les numéros des titres. »

Dans le projet présenté par M. Dufaure, l'opposition à négociation n'était que la dénonciation au Syndicat des Agents de change de l'opposition à paiement. Cette disposition n'a pas été maintenue, et avec raison, car il sera souvent utile de commencer par l'opposition à négociation, afin d'empêcher la transmission du titre et de ne pas voir ainsi l'opposition à paiement dépourvue de toute valeur, comme il a été décidé par le Tribunal civil de Lyon (Jugement du 27 novembre 1874, *Droit* du 15 janvier 1875) dans les termes suivants :

« Attendu qu'aux termes des art. 11 et 12 de la loi du 15 juin 1872, l'opposant doit notifier son opposition au syndic des agents de change de Paris, avec réquisition de faire publier les numéros des titres;

« Attendu que cette formalité n'a pas été remplie; que le *Bulletin officiel* ne porte aucune mention des titres dont il s'agit; qu'à ce premier point de vue l'opposition de Porcheresse est sans effet au regard des tiers, et qu'au surplus il ne se présente pas pour en soutenir la validité. »

Il faudrait bien se garder d'étendre la portée de cette décision et de dire que l'opposition signifiée à l'établissement débiteur est nulle, faute de dénonciation au Syndicat des Agents de change. Elle est parfaitement valable, mais ne produit pas d'effet à l'égard du tiers acquéreur de bonne foi. Il en serait de même si l'opposition au Syndicat avait été faite postérieurement à l'acquisition. C'est pour cela qu'on ne saurait trop recommander au propriétaire dépossédé soit de faire les deux oppositions en même temps, et, si c'est possible, par le même acte, soit de commencer par l'opposition à négociation.

La suite de l'article 11 indique comment le Syndicat se conformera à la réquisition qui lui est faite. « Cette publication sera faite un jour franc au plus « tard, par les soins et sous la responsabilité du Syn- « dicat des Agents de change de Paris, dans un bul- « letin quotidien, établi et publié dans les formes et « sous les conditions déterminées par un règlement « d'administration publique. Le même règlement « fixera le coût de la rétribution annuelle due par « l'opposant pour frais de publicité. Cette rétribution « annuelle sera *payée d'avance* à la Caisse du Syndi- « cat, faute de quoi la dénonciation de l'opposition « ne sera pas reçue *ou la publication ne sera pas con-* « *tinuée* à l'expiration de l'année pour laquelle la ré- « tribution aura été payée. »

Le coût de l'insertion au *Bulletin officiel des oppositions* devant être *payé à l'avance*, la *publication* de l'insertion se trouve suspendue à l'expiration de l'abonnement, et l'insertion ne peut être reprise que sur une nouvelle opposition.

M. Le Gost, dans son *Étude théorique et pratique*

sur les titres au porteur (1 vol. in-8, Pedone-Lauriel, Paris, 1880), s'est demandé pourquoi nous exigions dans ce cas une nouvelle opposition par acte d'huissier.

M. Le Gost s'exprime ainsi : « Si l'opposant n'a « pas régulièrement consigné les frais de l'insertion, « et que par suite la publicité ait cessé, de quelle « manière pourra-t-elle être reprise ? MM. Moret et « Desrues exigent une nouvelle opposition par acte « d'huissier : on comprend, en effet, que cette forma- « lité puisse être utile pour donner date certaine à la « nouvelle réquisition faite au Syndicat, et pour dé- « terminer à quelle époque recommence sa responsa- « bilité. Toutefois nous ne pensons pas qu'il y ait là « rien d'absolument nécessaire : l'opposition par acte « d'huissier ne nous paraît exigée qu'au point de dé- « part de l'ancienne publicité. »

C'est le Syndicat des Agents de change qui exige une nouvelle opposition, et il n'en peut être autrement. Par la cessation de la publication des titres dans le *Bulletin*, ces titres sont retombés dans le domaine de la circulation. Ils ont pu passer en d'autres mains ; il est donc nécessaire que l'imprévoyant opposant renouvelle ses allégations de propriété et forme une nouvelle opposition.

Le règlement d'administration publique annoncé par l'article 11, daté du 10 avril, n'a paru que dans le *Journal officiel* du 12 avril. Il y a eu là un retard regrettable : la loi est restée lettre morte pendant près d'un an. Ceux qui s'étaient emparés indûment des titres ont eu beau jeu pour les négocier pendant ce temps, car il a été décidé que la loi n'avait pu être appliquée avant la publication du *Bulletin*.

C'est ce qui ressort d'un jugement du Tribunal civil de la Seine, du 27 août 1875 (*Droit* des 20 et 21 septembre 1875), ainsi conçu :

« Attendu qu'il résulte des faits et documents de la cause, que cinq obligations du Chemin de fer d'Orléans ont été soustraites frauduleusement au préjudice de la dame Masset, au mois de mars 1873 ; que, par exploit de Larbouillat, huissier à Paris, du 22 mars 1873, elle a fait opposition entre les mains de la Compagnie d'Orléans et du syndic des agents de change près la Bourse de Paris ; que le 25 mars 1873, Arnaud, l'un des auteurs du vol, s'est présenté chez Touche pour lui demander de lui faire une avance de 500 francs sur le dépôt de deux obligations du chemin de fer d'Orléans, en indiquant pour son domicile le n° 91 de la rue du Faubourg-Saint-Denis ; qu'un employé de Touche est allé à ce domicile, qui était en réalité, à cette époque, celui de la mère Arnaud, et que c'est à ce domicile qu'il a versé les 500 francs demandés par Arnaud ; que celui-ci, dans le courant de la journée, est venu demander une nouvelle avance de 750 francs, sur le dépôt de trois autres obligations, et qu'en présence de la vérification qui venait d'être faite, l'employé de Touche a versé immédiatement la somme demandée ; que le 10 avril, par lettre datée de Londres, Arnaud a chargé Touche de vendre les obligations déposées jusqu'alors en garantie d'un prêt de 1,250 francs ; que Touche a alors fait prendre des informations à la Compagnie du chemin de fer d'Orléans, pour savoir si ces titres n'étaient pas frappés d'opposition, et qu'il lui a été répondu négativement ; que, sur cette réponse, la vente desdites obligations a été effectuée par le ministère de Roblot, agent de change, le 14 avril 1873 ;

« Attendu que le *Bulletin des oppositions* a été organisé par un décret du 10 avril 1873, promulgué le 11 ; que le premier numéro dudit journal a été publié le 16 avril, et que c'est seulement dans le n° 6, du lundi 21 avril, que les numéros des obligations volées à la dame Masset ont été publiés ; que la vente desdites obligations ayant été effectuée avant que le *Journal des oppositions* eût commencé à paraître, c'est seulement d'après les principes de droit commun que l'on doit décider si Touche a commis une faute qui le rende responsable. » Par suite le Tribunal déboute la dame Masset de sa demande.

Dans une autre circonstance, c'est l'agent de change qui a été victime du retard apporté à la publication du *Bulletin*. C'est ce qui résulte d'un jugement du Tribunal civil de la Seine du 5 février 1876 (*Droit* du 3 mars 1876), dont nous citons seulement le motif suivant :

« Attendu qu'il (l'agent de change) prétend à tort que la demanderesse est déchue de son recours contre lui, parce qu'elle n'a pas signifié d'opposition dans les formes prescrites par la loi du 15 juin 1872 ; qu'en effet, sans qu'il soit besoin d'examiner ici la portée du deuxième paragraphe de l'art. 12 de cette loi, il est constant qu'au 31 décembre 1872, le décret qu'elle prévoyait et annonçait, et qui était nécessaire pour mettre en vigueur les dispositions des art. 12, 13 et 14, n'était pas rendu, et que le public n'étant pas admis à jouir des avantages que cette loi réservait, les agents de change ne pouvaient pas se prévaloir de l'immunité qu'ils en attendaient ;

« Qu'ainsi la négociation du 31 décembre 1872 était réglée par le droit commun, sans aucune restriction. »

Le règlement d'administration publique du 10 avril 1873 commence par combler une lacune de la loi, en décidant que l'exploit signifié au Syndicat des Agents de change devra mentionner en toutes lettres, et en chiffres, les numéros des titres dont la publication sera requise. Puis il décide que le recueil publié par la Compagnie des Agents de change de Paris, portera pour titre : *Bulletin officiel des oppositions sur les titres au porteur*, publié par le Syndicat des Agents de change de Paris. Le prix de l'insertion est fixé à 50 centimes par numéro de valeur et par an. En cas de mainlevée de l'opposition avant l'échéance de l'année, le prix restera acquis au Syndicat. L'article 4 règle l'ordre dans lequel doit être faite la publication. L'article 6 règle les formes de la mainlevée à fournir au Syndicat pour faire cesser la publication. L'article 7 fixe à 70 francs par an le prix de l'abonnement, et le prix du numéro à 50 centimes. L'article 8 dispose que le Syndicat sera tenu de donner à tout requérant communication gratuite, sans déplacement, des numéros du *Bulletin* dont le tirage serait épuisé.

L'opposant et les tiers porteurs peuvent obtenir du Syndicat une copie certifiée ou un extrait des actes d'opposition ou de mainlevée les intéressant, moyennant un droit de 1 franc en sus du timbre.

Toute personne peut, moyennant 50 centimes, obtenir l'indication du nom et du domicile de l'opposant, ainsi que la date de l'opposition (art. 9 et 10 du règlement). Enfin l'article 11 fixe à 5 centimes le taux de la rémunération allouée aux agents de change pour mentionner sur le bordereau d'achat les numéros livrés. Toute négociation postérieure au jour où le *Bulletin* est parvenu ou aurait pu parvenir, par la voie de la poste, dans le lieu où elle a été faite, sera sans effet vis-à-vis de l'opposant, sauf le recours du tiers porteur contre son vendeur et contre l'agent de change par l'intermédiaire duquel la négociation a eu lieu (article 12 de la loi).

Que décider pour les négociations faites le jour de la publication du *Bulletin?* La Cour de cassation a décidé qu'elles étaient nulles.

Voici dans quelles circonstances est intervenu son arrêt : Le 11 octobre 1877, le Tribunal de commerce de la Seine rendit le jugement suivant :

« Attendu qu'il résulte des débats que Carpentier a été chargé par veuve Boutant de lui acheter, courant de mai, trois obligations anciennes de la Compagnie du chemin de fer de Paris à Lyon et à la Méditerranée ; que parmi ces trois obligations qu'il lui a livrées le 24 du même mois, il s'en est trouvé une portant le nº 1,571,379 frappée d'opposition ; qu'il y a lieu d'accueillir la demande veuve Boutant contre Carpentier ; sur la demande en garantie contre Cora : Attendu qu'il est justifié que Carpentier a acheté lui-même chez Cora l'obligation, objet du procès ; qu'en conséquence, il y a lieu d'obliger Cora à garantir et indemniser Carpentier des condamnations qui sont intervenues contre lui ; Par ces motifs, vu le rapport de l'arbitre, condamne

Carpentier à payer à veuve Boutant la somme de 323 fr. 75, montant de l'obligation dont s'agit ; condamne Cora à garantir et indemniser Carpentier des condamnations prononcées au profit de la veuve Boutant. »

Pourvoi en cassation de Cora et arrêt de la Chambre des requêtes du 3 juin 1878, rapporté dans le *Recueil périodique* de Dalloz (année 1879, 1re partie, p. 25), ainsi conçu :

« La Cour, sur les trois moyens tirés de la violation ou fausse application des art. 10, 12, 14 de la loi du 15 juin 1872 sur titres au porteur, dispose, art. 12, que toute négociation ou transmission postérieure à la publication de l'opposition réglée par les articles précédents sont sans effet vis-à-vis de l'opposant, et, art. 14, qu'à l'égard des négociations ou transmissions antérieures, il n'est pas dérogé aux dispositions des art. 2279 et 2280, C. civ. ;—Attendu que du jugement dénoncé et du rapport d'arbitre auquel il se réfère, en le visant dans ses motifs, il résulte que l'obligation du chemin de fer, objet du litige, a été vendue en mai 1876, le 8 par Hecquet à Cora, le 22 par Cora à Carpentier, et le 24 par Carpentier à la veuve Boutant ; Que la femme Hecquet, qui avait été dépossédée du titre par un vol, avait formé régulièrement une opposition publiée le 24, avant la vente du même jour, dans le *Bulletin officiel des agents de change*; qu'il n'apparaît pas que, sur la demande intentée par la veuve Boutant à l'effet d'obtenir la restitution du prix de l'obligation qui avait été retenue par l'établissement débiteur, l'exception de l'art. 2280 ait été opposée, soit par Carpentier, défendeur à l'action principale, soit par Cora défendeur à l'action en garantie; Que l'un et l'autre se sont bornés à soutenir, pour repousser la prétention de la veuve Boutant, que la vente du 24 avait eu lieu, comme celles du 8 et du 22, antérieurement à la publication de l'opposition ; D'où il suit, que c'est par une juste application, tant des art. 12 et 14 de la loi du 15 juin 1872, que des art. 2279 et 2280 C. civ., et sans violation des autres dispositions invoquées à l'appui du pourvoi, que le Tribunal de commerce de la Seine, après avoir accueilli la demande principale, a condamné Cora sur l'action récursoire à garantir et indemniser son acheteur; Par ces motifs, rejette. »

Cette décision est conforme à l'esprit de la loi qui annule les ventes faites le jour où le *Bulletin* est parvenu, par la voie de la poste, dans le lieu où elles ont été faites. S'il en eût été autrement, il y aurait eu inégalité entre les Bourses de province et celle de Paris.

Nous ferons une autre observation à propos de cet arrêt :

Il confirme pleinement les réflexions que nous faisions dans notre 2e édition (p. 36) sur la mauvaise situation faite par la loi nouvelle aux changeurs, qui ne pourront disposer d'un certain nombre de titres, achetés par eux régulièrement, sans s'exposer à une demande en garantie.

Nous irons plus loin : nous signalerons l'inconvénient qu'il y a, en faisant une loi nouvelle, à ne pas abroger les anciennes dispositions législatives sur la matière. Dans l'espèce, on aboutit à une véritable iniquité; des trois personnes en cause dans l'instance, une seule est en faute, la veuve Boutant, qui n'a pas consulté le *Bulletin* au moment où elle faisait son acquisition, et c'est la seule qui ne subira, en définitive, aucun préjudice. Carpentier et Cora ont pu être très prudents et consulter le *Bulletin* soigneusement avant de faire leur opération, rien n'a pu les avertir qu'une responsabilité quelconque pouvait leur incomber, et cependant c'est eux qui sont déclarés responsables. Le résultat est évidemment juridique, et notre observation s'adresse aux législateurs et non aux magistrats de la Cour suprême, qui n'ont fait qu'appliquer la loi.

D'après l'article 12, le tiers porteur pourra contester l'opposition faite irrégulièrement ou sans droit.

Sauf le cas de mauvaise foi, les agents de change ne sont responsables des négociations faites par leur entremise qu'autant que les oppositions leur ont été signifiées personnellement ou qu'elles ont été publiées dans le *Bulletin*, par les soins du Syndicat (art. 12).

Mais lorsque l'agent de change a fait une négociation malgré une opposition, il est responsable, sauf, dans certains cas, son recours contre celui qui lui a remis les titres.

C'est ce qui a été décidé par arrêt de la 3e Chambre de la Cour d'appel de Paris, du 5 décembre 1879 (*Droit* du 4 février 1880). Le 9 août 1878, jugement du Tribunal civil de la Seine, ainsi conçu :

« Le Tribunal,

« Sur la demande de Teisseire contre Legrand :

« Attendu qu'il résulte des documents du procès que le 9 juillet 1876, trente trois actions des chemins de fer du Midi et cinq obligations de la ville de Paris, emprunt 1869, ont été soustraites frauduleusement au préjudice de Teisseire, domicilié à Toulon.

« Qu'aussitôt après la constatation du vol, des oppositions ont été formées tant au siège de la Compagnie du Midi, qu'entre les mains de M. le préfet de la Seine et à la chambre syndicale des agents de change de Paris ;

« Que la publication des numéros des titres soustraits a été faite au *Bulletin officiel des oppositions* ;

« Attendu que, néanmoins et postérieurement à l'accomplissement des formalités prescrites par la loi du 15 juin 1872, Legrand, agent de change à Paris, a effectué à la Bourse la négociation des titres dont s'agit ;

« Qu'il a ainsi commis une faute lourde et un grave manquement à ses devoirs professionnels, et qu'il doit à Teisseire réparation du préjudice qu'il lui a causé ;

« Sur la demande en garantie de Legrand contre Thelier et Henrotte ;

« Attendu que si les titres appartenant à Teisseire ont été livrés à Legrand par Thelier et Henrotte, banquiers à Paris, pour être vendus par son ministère, il est constant que Thelier et Henrotte n'étaient que les intermédiaires de Rey, banquier à Alger ;

« Que leur unique mandat était de faire vendre, en Bourse à Paris, les valeurs qui leur avaient été remises par Rey;

« Qu'ils l'ont fidèlement exécuté, croyant et devant croire que l'agent de change ne négocierait les titres qu'après s'être assuré qu'ils étaient dans le commerce; que d'ailleurs leur entière bonne foi n'a pas été contestée aux débats;

« Sur la demande en garantie de Thelier et Henrotte contre Rey;

« Attendu qu'il est constant que la ville d'Alger n'étant pourvue ni de Bourse ni d'agents de change, Rey s'est conformé aux usages de la localité en achetant, par l'intermédiaire d'un courtier, depuis longtemps connu sur la place et accrédité pour la négociation des valeurs mobilières, les titres qu'il transmettait plus tard à ses correspondants de Paris ;

« Qu'il n'est pas même allégué qu'il ait pu connaître l'origine criminelle desdits titres, ni les oppositions dont ils étaient frappés ;

« Par ces motifs,

« Condamne Legrand à restituer à Teisseire, dans la huitaine de la signification du présent jugement, les titres énumérés aux conclusions de Teisseire, ensemble les coupons y afférents, et y compris ceux échus depuis la négociation effectuée par Legrand ;

« Condamne dès à présent Legrand, faute de ce faire dans le délai imparti, à payer à Teisseire la valeur des titres ci-dessus mentionnés au cours de la Bourse de ce jour, et avec les intérêts à compter de ce jour, ainsi que la valeur des coupons échus depuis la négociation ;

« Déclare Legrand mal fondé dans sa demande en garantie contre Thelier et Henrotte, l'en déboute ;

« Déclare Thelier et Henrotte mal fondés en leur demande en garantie contre Rey, les en déboute ;

« Condamne Legrand en tous les dépens. »

Appel par Legrand et arrêt ainsi motivé :

« La Cour,

« Sur l'appel de Legrand contre Teisseire :

« Considérant que, dans la nuit du 3 juillet 1876, un vol a été commis, à Toulon, au préjudice des époux Teisseire auxquels ont été soustraits des titres au porteur, notamment cinq obligations de la ville de Paris, emprunt 1869, et trente-trois actions du chemin de fer du Midi ;

« Considérant que dès le 13 du même mois, en se conformant aux prescriptions de la loi du 15 juin 1872, Teisseire a formé des oppositions et fait, à partir du 17 dudit mois de juillet, les publications voulues dans les numéros quotidiens du *Bulletin officiel du syndicat des agents de change* près la Bourse de Paris, ce qui, d'ailleurs, n'est pas contesté;

« Considérant que, nonobstant l'accomplissement de ces formalités qui, aux termes de l'art. 12 de la loi précitée, avaient pour conséquence de frapper de nullité, au regard de l'opposant, toute négociation ou transmission postérieure, Legrand, agent de change à Paris, a vendu aux bourses des 3 et 6 avril 1877 d'ordre de Thelier et Henrotte, les titres arrêtés par Teisseire;

« Considérant que les premiers juges ont déclaré à bon droit, que Legrand avait commis une faute lourde vis-à-vis de Teisseire et lui devait réparation du préjudice qu'il lui avait causé (art. 12 de la loi du 15 juin 1872);

« Adoptant, d'ailleurs, sur ce chef, les motifs de la sentence dont est appel;

« Considérant que devant la Cour, par des conclusions additionnelles, Teisseire demande qu'à défaut d'une restitution en nature, Legrand soit condamné à lui tenir compte de la plus-value de ses titres, du jour du jugement au jour du présent arrêt;

« Considérant que Legrand doit, en effet, l'entière réparation du préjudice dont il est l'auteur, et que la demande de l'intimé se trouve justifiée également de ce chef;

« Sur la demande en garantie de Legrand contre Thelier et Henrotte;

« Considérant que si Legrand n'est pas fondé à demander la garantie de la faute professionnelle qu'il a commise au regard de Teisseire, il est constant, d'autre part, que de leur côté, Thelier et Henrotte, par imprudence et par négligence, ont causé un dommage à Legrand et qu'ils lui en doivent réparation;

« Considérant qu'il ressort, en effet, des documents du procès, que Thelier et Henrotte, mandataires de Rey, chargés de réaliser les titres dont celui-ci se disait possesseur, ont donné à Legrand, en leur propre et personnel nom, l'ordre de les vendre, sans lui déclarer qu'ils étaient les intermédiaires d'un banquier habitant

Alger, laissant ainsi l'agent de change dans une sécurité trompeuse vis-à-vis d'eux, ses clients habituels ;

« Considérant, en outre, encore bien que leur bonne foi ne soit pas suspectée, que Thelier et Henrotte ont remis à Legrand des titres indisponibles en négligeant de faire les vérifications dictées par la prudence ; qu'ils doivent être condamnés à réparer le préjudice résultant de leur fait et qu'il y a lieu sur ce point de réformer la sentence ;

« Sur la demande en sous-garantie de Thelier et Henrotte contre Rey :

« Considérant que Rey a choisi Thelier et Henrotte pour mandataires ; que ceux-ci ont régulièrement accompli leur mandat et qu'ils doivent être indemnisés du dommage résultant pour eux de son exécution ;

« Considérant que la demande en revendication qui réfléchit contre Rey, en admettant même que la loi du 15 juin 1872 n'ait pas été promulguée en Algérie et ne s'applique pas directement à la cause, se trouve régie par les dispositions des art. 2279 et 2280 et aussi par celles de l'art. 1382 du Code civil ;

« Considérant qu'il ressort des documents du procès que Rey a acheté d'un nommé Duvin les titres volés à Teisseire ; qu'il ne s'est pas suffisamment enquis de l'identité et de la solvabilité de son vendeur, lequel n'était point connu de lui et dont il lui avait été impossible, depuis le procès, de retrouver la trace ;

« Considérant, d'autre part, que, pour repousser la demande dirigée contre lui, Rey se trouve dans l'impuissance d'invoquer l'une des exceptions de l'art. 2280 du Code civil ; qu'il ne lui était pas plus impossible de s'adresser à un agent de change de Marseille ou de tout autre lieu en France pour l'achat que pour vente des titres en litige, et qu'en ne prenant aucune des précautions exigées par la loi ou par la prudence il s'est exposé à détenir des titres volés ou perdus et à avoir à supporter les conséquences de sa faute ;

« Considérant qu'il y a également lieu de réformer la sentence sur ce chef :

« Par ces motis,

« Met les appellations et le jugement susénoncé à néant, mais seulement en ce qu'il a déclaré Legrand et Thelier et Henrotte mal fondés dans leurs demandes en garanties ;

« Les décharges des dispositions qui leur font grief, émendant et statuant à nouveau, ordonne que le jugement dudit jour 9 août 1878 sera exécuté selon sa forme et teneur en ce qui touche les condamnations prononcées contre Legrand au profit de Teisseire ;

« Faisant droit sur les conclusions additionnelles prises devant la Cour ;

« Condamne Legrand, faute d'une restitution à Teisseire de ses titres en nature, à lui en payer la valeur au cours de la Bourse du jour du présent arrêt ;

« Condamne Thelier et Henrotte à garantir Legrand de toutes les condamnations prononcées contre celui-ci au profit de Teisseire ;

« Condamne Rey à sous-garantir Thelier et Henrotte de toutes les condamnations prononcées contre eux au profit de Legrand ;

« Déclare Rey mal fondé dans ses demande et conclusions tant contre Thelier et Henrotte que contre Legrand, l'en déboute, etc. ;

La loi du 15 juin 1872 n'a été rendue exécutoire dans les Colonies que par une loi du 3-4 avril 1880.

L'article 12 tranche, par suite, une question autrefois très controversée. On admettait généralement que les agents de change étaient responsables, soit lorsqu'une opposition leur avait été signifiée personnellement, soit lorsqu'on avait à leur reprocher une imprudence ou une négligence ; mais il était plus difficile de décider qu'ils seraient responsables par cela seul qu'une opposition aurait été signifiée au syndic. Dans quels textes de loi pouvait-on trouver une pareille disposition ? Ceci avait pourtant été décidé en certains cas (1).

Mais le Tribunal de Pontoise, dans un jugement du 28 août 1873 (*Gazette des Tribunaux* du 11 septembre 1873), a tiré de la nouvelle loi un argument dans le sens de la négative. On y remarque les motifs suivants : « Attendu qu'aucune opposition n'avait « été signifiée directement par Félu ni à Levot, acquéreur du titre, ni à Koller, agent intermédiaire de la « vente ; qu'il s'ensuit qu'ils ont pu prendre part à la « négociation dudit titre, qui n'était pas frappé d'in- « disponibilité sur le marché ; qu'en effet, à l'époque « où les faits se placent, aucune prescription de la « loi ne portait que l'opposition signifiée entre les « mains du syndic des agents de change aurait effet « à l'égard des différents membres de la corporation ; « que c'est précisément pour obvier à cette lacune « qu'a été rendue la loi du 15 juin 1872 ».

Il a même été décidé que, pour une opposition

(1) Notamment par un jugement du Tribunal civil de la Seine du 25 août 1859, maintenu par arrêt de rejet de la Chambre des requêtes du 10 juillet 1860 (Sirey, 1860, I, p. 861 et D. P., 1860, I, page 463) ; par un arrêt de la Cour de Paris du 16 mai 1862, confirmant un jugement du Tribunal civil de la Seine du 9 janvier de la même année (Sirey, 1862, II, p. 439, et par un arrêt de la même Cour du 17 juin 1863 (Sirey, 1863, II, p. 173). Nous avons vu dans le même sens un jugement du Tribunal civil de la Seine du 5 février 1876 (page 43).

formée avant la loi, un agent de change pouvait être responsable, à raison du secret professionnel, s'il avait vendu un titre frappé d'opposition. C'est ce qui résulte d'un jugement de la 7e Chambre du Tribunal civil de la Seine, du 6 février 1880 (*Droit* du 18 septembre 1880), dont voici les termes :

« Le Tribunal, en ce qui concerne la demande principale ; — Attendu que Péan reconnaît que le 13 avril 1872, il a vendu à Lebrun une obligation Foncière 5 % 1860, n° 195,197, que ce titre est frappé d'une opposition pratiquée le 4 décembre 1871, à la requête des héritiers Bouniol ; — Attendu que le vendeur est tenu de procurer à l'acheteur la possession paisible de la chose vendue ; — Attendu que l'opposition des époux Bouniol a évidemment pour effet de troubler Lebrun dans la possession du titre que Péan lui a vendu ; — Attendu que Péan soutient, à la vérité, que Lebrun serait fondé à obtenir la mainlevée de cette opposition de ceux qui l'ont pratiquée ; — Mais attendu que Lebrun ne pourrait l'obtenir qu'en prenant à sa charge les frais, risques et périls des démarches ou de l'action judiciaire nécessaires à cet effet ; — Attendu que, par l'effet de l'obligation de garantie, c'est à Péan que cette charge incombe, et qu'il ne peut évidemment pas s'en exonérer sous le prétexte qu'il serait possible au demandeur, en la supportant lui-même, d'obtenir des opposants la mainlevée d'opposition qu'il préfère demander à son garant ; — Attendu que Péan est dès lors tenu de procurer cette mainlevée à Lebrun ou de lui rendre la valeur du titre vendu et de ses accessoires. — En ce qui concerne la demande en garantie : — Attendu que le titre dont s'agit avait été vendu par Gautier, agent de change à la Bourse de Marseille ; que celui-ci prétend qu'ayant fait cette vente à titre de simple mandataire, et n'ayant commis aucune faute, il n'a encouru aucune responsabilité ; — Mais attendu qu'en qualité d'agent de change, ayant le devoir du secret professionnel, Gautier s'est obligé lui-même par toutes les négociations lors desquelles il n'a pas, avec le consentement de la personne pour qui il opérait, donné le nom de celle-ci; — Attendu que Gautier ne prétend pas avoir, lors de la vente du titre dont s'agit, fait connaître le nom du vendeur, et que, dès lors, il est personnellement tenu à la garantie, comme s'il en était lui-même le vendeur, et indépendamment de toute faute de sa part; — Attendu, d'ailleurs, que l'existence de l'opposition alléguée est suffisamment justifiée; — Attendu que si l'existence n'en a pas été plus tôt portée à la connaissance de Gautier, ce retard s'explique par celui que le Crédit foncier lui-même a mis à tenir compte de cette opposition; que d'ailleurs, le délai nécessaire pour la prescription n'étant pas accompli, Gautier ne peut pas faire résulter de ce retard une fin de non-recevoir contre l'action de Péan; — Attendu, enfin, que par des conclusions récentes, Gautier soutient que la demande ne contient que des indications incomplètes sur l'opposant et n'a pu constituer une mise en demeure valable d'obtenir la mainlevée; — Mais, attendu que l'instance est engagée depuis le mois d'août dernier, et que Gautier a toujours contesté le principe même de la demande; qu'il n'est donc pas fondé, pour la repousser, à alléguer à la dernière heure l'insuffisance des indications dont il aurait pu demander le complément, soit au Crédit foncier, soit à son adversaire. Par ces motifs, dit que dans le mois de la signification du présent jugement, Péan sera tenu de rapporter à Lebrun la mainlevée de l'opposition pratiquée au Crédit foncier de France, par exploit du 4 décembre 1871, sur une obligation foncière 5 % de 1860 portant le n° 195,197; sinon et faute par lui de ce faire dans ledit délai, condamne Péan à remettre à Lebrun une obligation foncière 5 % 1860, avec ses coupons depuis et y compris celui du 1er novembre 1878; et, faute par lui d'avoir remis ce titre dans le mois de la signification du présent jugement, le condamne à restituer à Lebrun la somme de 4,969 fr. 75 c., à lui versée pour prix de ladite obligation, ensemble le montant des coupons échus, et y compris celui du 1er novembre 1878 jusqu'au jour de la demande, et, en outre, les intérêts de droit du montant du prix et des coupons, condamne Gautier à garantir et indemniser Péan des condamnations qui précèdent; condamne Péan aux frais de la demande principale, Gautier aux frais des instances principales et en garantie. »

Nous ferons remarquer de plus les expressions qu'emploie la loi dans l'article 12 : « toute négociation ou transmission. »

Si donc la négociation est antérieure, et la livraison postérieure, au jour où le *Bulletin* a pu parvenir, l'opération n'est pas valable. C'est ce qui a été décidé par arrêt de la 2e Chambre de la Cour de Paris, du 9 février 1876 (*Droit* du 16 mars 1876), ainsi motivé :

» La Cour : Considérant que Blin, dépositaire d'un certain nombre d'obligations ottomanes, emprunt de 1863, appartenant à Canal, abusant de la confiance de ce dernier, les a remises, en mai 1873, à la Société générale, à l'effet de les faire vendre en Bourse, et que Favrin, acheteur, le 14 juin suivant, par le ministère de Lehoux, agent de change, de six de ces obligations portant les numéros....., n'a reçu livraison des titres que le 20 du même mois;

» Considérant qu'à la date du 16 juin 1873, et conformément aux prescriptions de la loi du 15 juin 1872, Canal avait signifié une opposition au Syndicat des agents de change, près la Bourse de Paris, sur lesdites obligations;

» Considérant qu'aux termes de l'art. 12 de la loi précitée, toute négociation ou transmission de titres postérieure au moment où l'opposition a reçu la publicité légale, n'a aucun effet vis-à-vis de l'opposant, et que les droits de ce dernier sont les mêmes que si les titres n'avaient pas changé de main depuis la publication;

« Considérant que l'opposition faite le 16 juin et publiée un jour franc au plus tard, par les soins du Syndicat, dans le ***Bulletin officiel***, plaçait dès le 18 juin les titres qui en étaient frappés en dehors de la libre circulation, et que l'agent de change, averti par l'opposition, n'a pu valablement les livrer à Favrin le 20 juin ;

« Considérant que le *Bulletin officiel* est destiné par la loi à faire connaître l'opposition à chaque intéressé, acheteur ou intermédiaire, et qu'il oblige le tiers porteur, aussi bien que l'agent de change, à tenir compte d'une opposition qu'il a connue ou qu'il a pu connaître; que Favrin, acheteur, oppose en vain à la revendication du porteur dépossédé la négociation du 14 juin, qui l'aurait investi de la propriété des titres; qu'en effet, la loi du 15 juin 1872, sainement interprétée, n'affranchit de l'action en revendication que la négociation accomplie par la transmission effective des titres antérieurs à la publication du *Bulletin officiel* ; que si la négociation, isolée de toute transmission, suffisait pour opérer le transfert de la propriété, les mesures de protection et de garantie prescrites par la loi, dans l'intérêt des porteurs dépossédés, deviendraient inefficaces et illusoires; qu'en conséquence la livraison tardive du 20 juin ne saurait abriter Favrin, tiers porteur, contre l'exception tirée du vice d'origine des titres par lui achetés, et qu'il y a lieu de l'obliger à la restitution des six obligations revendiquées par Canal. »

Mais il faut que ce soient bien les mêmes titres qui aient été livrés et non des titres de même nature, indéterminés quant à leurs numéros. C'est ce qui a été décidé par jugement du Tribunal civil de la Seine, du 2 mai 1876, dont voici les termes :

« Attendu que, pour écarter l'opposition de Blondel, Neymarck se fonde sur ce que les titres litigieux auraient été négociés à la Bourse le 3 août 1875, par le ministère de l'agent de change Bernadac, dès avant l'opposition de Blondel, qui n'a été faite que le 23 août et publiée que le 24 du même mois; — Mais, attendu que les négociations du 3 août avaient été faites en vertu d'un ordre qui n'indiquait pas les titres à vendre; que Neymark lui-même, qui avait donné cet ordre à l'agent de change pour le compte de Verneuil, son correspondant, n'en a reçu les titres et connu les numéros que le 6 août, et qu'avant toute livraison de ces titres, dont les feuilles de coupons étaient épuisées, il les a déposées dans les bureaux de la Compagnie débitrice où ils ont été retenus par opposition de Blondel; — Attendu qu'il n'est pas établi, ni même allégué, que l'acheteur des quatorze titres vendus le 3 août ait jamais reçu livraison des titres litigieux, ni même que les numéros de ces titres lui aient été indiqués et promis; — Attendu que, dès lors, l'opération faite par Neymarck, interrompue par l'opposition du propriétaire, n'a eu pour objet que des titres indéterminés, et que les titres déterminés qui sont l'objet du procès n'ont été ni transmis ni négociés avant cette opposition; que, Neymarck ne saurait donc être fondé, pour écarter l'opposition de Blondel, à alléguer la négociation à la Bourse des titres qui en font l'objet. — Par ces motifs : Déclare Neymarck mal fondé en sa demande, l'en déboute, etc .... Appel par Neymarck et, le 10 décembre 1877, arrêt de la Cour de Paris qui, adoptant les motifs des premiers juges, confirme. »

Pourvoi en cassation par le sieur Neymarck et arrêt de la Chambre des requêtes du 17 décembre 1878, rapporté dans le *Recueil périodique* de Dalloz, année 1879, 1re partie, p. 287, et ainsi conçu : « La Cour, sur l'unique moyen pris de la fausse application de l'article 2 et de la violation de l'article 12 de la loi du 15 juin 1872 et de l'article 2279, C. civ.; — Attendu que si l'opposition formée dans les conditions prescrites par la loi du 15 juin 1872 par le propriétaire de titres au porteur qui s'en trouve dépossédé, ne peut, aux termes de l'art. 14 de ladite loi, être maintenue à l'égard des titres dont la négociation ou la transmission aurait été opérée de bonne foi avant la publication de cette opposition, elle conserve tout son effet à l'égard des titres qui, avant cette époque, n'auraient été négociés ni transmis; — Attendu qu'il est constaté par l'arrêt attaqué, que Blondel, au préjudice duquel quatorze obligations du Grand-Central avaient été détournées, a fait notifier le 24 août 1875, à la compagnie débitrice, l'opposition prescrite par la loi du 15 juin 1872, et, qu'avant cette notification, les titres déterminés frappés d'opposition, n'avaient été l'objet d'aucune négociation ou transmission; qu'il déclare, en effet : 1° que la négociation par laquelle Neymarck avait vendu, le 5 août, à la Bourse de Paris, pour le compte de Verneuil, quatorze obligations du Grand-Central, portait, non sur les titres litigieux, mais sur des titres indéterminés; 2° que la transmission de ces titres n'avait jamais été faite à l'acquéreur par Neymarck, qui en était resté saisi comme mandataire du vendeur; — Attendu qu'en l'état de ces constatations souveraines, c'est à bon droit que l'arrêt attaqué a maintenu l'opposition du défendeur éventuel et ordonné que les titres litigieux lui seraient restitués, et qu'en le décidant ainsi, la Cour de Paris, loin de violer les articles visés par le pourvoi, n'a fait qu'une exacte application de l'art. 12 de la loi du 15 juin 1872; — Par ces motifs; rejette. »

Mais que décidera-t-on dans cette hypothèse? Quelqu'un achète avant la publication de l'opposition et revend après. Pourra-t-on revendiquer contre le nouveau tiers acquéreur? La négative résulte du rapport de M. Grivart: « Le tiers porteur sera, bien en-« tendu, fondé à exercer tous les droits de son « cédant, et si ce dernier, tiers acquéreur lui-même, « avait acheté les titres avant la publication de l'op-« position, son cessionnaire, bien que n'ayant traité « qu'à une époque où l'opposition pouvait être con-

« nue, n'en sera pas moins recevable à combattre « l'action des revendiquants, au même titre que son « vendeur l'aurait été lui-même. »

Il a été décidé par la 6e Chambre du Tribunal civil de la Seine, dans un jugement du 19 décembrs 1879, que ces principes ne s'appliquaient pas aux Agents de change (*Droit* des 12 et 13 janvier 1880). Voici dans quelles circonstances a été rendu ce jugement : En octobre 1877, une dame Péand, employée chez un sieur Marsay, chemisier à Paris, avait confié à ce dernier, à titre de cautionnement, cinq obligations au porteur de la Ville de Paris, emprunt 69, qu'il fit vendre à la Bourse le 26 octobre 1877 et dont il toucha le prix le lendemain. Les titres détournés furent vendus à nouveau à la Bourse le 14 décembre suivant, et achetés par l'agent de change Moreau pour le compte d'un sieur Hurel, l'un de ses clients. Le 15 février 1878, la dame Péand frappait les titres d'une opposition régulière, qui était publiée au *Bulletin officiel* le 18 du même mois. Le 20 de ce même mois de février, M. Moreau revendait à la Bourse, sur l'ordre de Hurel, les titres, qui étaient achetés par deux de ses confrères, MM. Millet et Evrard. Le 19 mars 1878, M. Moreau versait à Hurel le prix de la négociation du 20 février précédent. Après ce règlement, Hurel quittait la France et ne pouvait être retrouvé. Postérieurement à ce paiement, MM. Millet et Evrard se faisaient remettre par M. Moreau pour leurs clients, cinq nouveaux titres d'obligations de la Ville de Paris, libres d'opposition, en remplacement des cinq titres, objet de la vente du 20 février. Alors M. Moreau forma une demande en mainlevée de l'opposition du 18 février 1878, contre les époux Péand, et ceux-ci, une demande reconventionnelle en restitution des titres. C'est dans ces circonstances qu'intervint le jugement sus-indiqué, et dont voici les termes :

« Le Tribunal,

« Attendu qu'il est tout d'abord incontestable qu'en admettant pour un moment que le fait du remplacement de titres réalisé en octobre 1878 par Moreau ait pu opérer transmission à son profit de la propriété des titres litigieux, cette transmission étant, en tout cas, postérieure à la publication de l'opposition, devrait légalement demeurer sans effet vis-à-vis de l'opposante aux termes de l'article 12 de la loi du 15 juin 1872 ;

« Attendu qu'il est non moins certain, par contre, que, d'après les dispositions combinées de l'article 14 de ladite loi et de l'article 2279 du Code civil, Hurel, si le débat s'agitait entre les époux Péand et lui, devrait obtenir la mainlevée de l'opposition de la dame Péand, laquelle frappe sur des titres acquis par Hurel antérieurement à sa publication, et dont la dame Péand n'a d'ailleurs été dépossédée que par le fait d'un abus de confiance et non par suite de perte ou de vol ;

« Mais attendu qu'Hurel n'est pas en cause ; que Moreau ne peut pas régulièrement conclure pour lui dans l'instance, et que, dès lors, la question du procès est de savoir si Moreau y peut être admis à faire valoir, en son nom propre, contre l'opposante les droits et actions que pourrait faire valoir contre elle, Hurel personnellement, et à combattre l'action de la revendiquante au même titre que l'aurait pu faire Hurel lui-même ;

« Attendu que Moreau ne peut évidemment agir aux débats

comme tenant d'Hurel directement aucun droit de propriété sur les valeurs litigieuses, puisque, du chef d'Hurel, il n'a jamais détenu ces valeurs qu'à titre de mandat;

« Attendu, d'un autre côté, qu'il ne produit aucun titre de créance contre Hurel et n'a même, dès maintenant, aucun droit de créance certaine contre lui; que, dès lors, et en supposant qu'un créancier en titre d'Hurel pût être admis à exciper dans les circonstances des dispositions de l'article 1166 du Code civil, Moreau ne serait pas, en tous cas, fondé à en invoquer le bénéfice ;

« Attendu, d'autre part, que Moreau ne saurait prétendre, avec plus de raison, à exercer contre la dame Péand les droits et actions d'Hurel en se prétendant subrogé dans ces droits et actions par voie indirecte, et du chef des clients d'Evrard et Millet ;

« Attendu, en effet, qu'il est d'abord certain que les clients de ces agents, en les chargeant, le 20 février 1878, d'acheter pour eux des obligations de la ville de Paris, de l'emprunt de 1869, leur ont donné mandat, non d'acquérir des obligations portant des numéros déterminés et spécialement les obligations actuellement litigieuses, mais seulement des obligations dudit emprunt en général et sans autre spécialisation ; que toutefois il avait été virtuellement sous-entendu que les titres à acquérir seraient des titres commerçables et non frappés d'opposition ;

« Attendu qu'il est non moins certain que le mandat a été exécuté par Evrard et Millet dans les mêmes termes, et qu'entre eux et Moreau il était implicitement et nécessairement convenu, au moment de la vente, que les titres que Moreau vendait étaient libres de toute opposition ;

« Atttendu que les titres vendus, en fait, par Moreau s'étant trouvés frappés de l'opposition Péand, antérieure à la vente, la condition essentielle du marché a été défaillie et les clients d'Evrard et Millet ont à bon droit refusé les titres offerts par Moreau en se désistant du marché, fondés qu'ils étaient à opposer l'action résolutoire du contrat de vente, faute par le vendeur d'avoir rempli son engagement ;

« Attendu, il est vrai, qu'au lieu d'exiger, comme ils en avaient le droit, la restitution en espèces par Moreau, des sommes par eux payées comme prix de la vente annulée, ils ont consenti à accepter dudit Moreau, par les mains de leurs agents, au lieu et place de ces espèces, cinq titres nouveaux d'obligations de la ville de Paris ;

« Attendu que Moreau se prévaut de ce fait pour prétendre qu'ils ont fait avec lui un échange en forme des titres frappés d'opposition contre les titres nouveaux par lui fournis et qu'il en veut tirer la conséquence qu'il y a eu, en fait et en droit, appréhension par les clients d'Evrard et de Millet de la propriété des titres litigieux et transmission par eux à Moreau de la propriété de ces mêmes titres ;

« Mais attendu que Moreau ne fait pas la preuve du contrat d'échange dont il excipe ;

« Que le fait du remplacement de titres sur lequel il entend fonder cette preuve n'implique pas nécessairement la réalité d'un échange ; qu'il s'explique bien plus naturellement dans l'hypothèse d'une dation en paiement faite par Moreau entre les mains de ses confrères en valeurs de Bourse pour tenir lieu à leurs clients des sommes par eux versées, et au remboursement desquelles Moreau était tenu personnellement vis-à-vis de ses confrères par les règlements de sa profession ;

« Attendu qu'il est manifeste, en effet, que le remplacement des titres a été opéré en fait entre agents en dehors de l'intervention personnelle des parties, et qu'il faut remarquer que si Evrard et Millet avaient capacité pour accepter une dation en paiement de nature à donner satisfaction à leurs clients, il n'est nullement établi qu'ils eussent reçu de ceux-ci aucun mandat à l'effet de les engager dans de nouveaux contrats ;

« Attendu, d'ailleurs, que cette opération de remplacement de titres, avec le caractère que cherche à lui assigner Moreau, aurait constitué, en réalité, une infraction aux prohibitions portées tant dans l'article 10 de l'arrêté du 27 prairial an X que par l'article 85 du Code de commerce, et que, dès lors, il n'est pas admissible que Moreau et ses confrères aient entendu lui donner une portée autre que celle d'une simple dation en paiement;

« Attendu, enfin, que Moreau tente, en vain, de placer sa cause sous la protection de l'article 1251, § 3 du Code civil;

« Attendu, en effet (et sans qu'il soit besoin, d'ailleurs, de vérifier si, en présence des dispositions de l'article 19 de l'arrêté de prairial an X, desquelles il résulte que les parties dans les négociations faites par intermédiaire d'agents de change, doivent demeurer inconnues l'une de l'autre, la matière à subrogation n'aurait pas fait défaut dans l'espèce et si une action utile, et dans laquelle Moreau pût être subrogé, aurait pu, dans les circonstances de la cause, naître au profit des clients de Millet et Evrard, acheteurs anonymes, contre Hurel, vendeur anonyme);

« Qu'il est certain, d'après ce qui a été dit ci-dessus, que le seul droit desdits acheteurs dans lequel Moreau pourrait en tous cas se prétendre subrogé par le fait des dations en paiement par lui effectuées en octobre 1878, serait celui de répéter contre Hurel les sommes par eux déboursées comme prix de la vente après ces déboursés annulés;

« Mais attendu qu'une telle subrogation suffisante, il est vrai, en admettant qu'elle se pût produire effectivement pour ouvrir à Moreau une action en répétition contre Hurel de la valeur des obligations par lui données en paiement, serait absolument inefficace pour lui conférer du chef des clients d'Evrard et Millet aucun droit de propriété sur les titres litigieux et spécialement la faculté d'exercer contre Hurel le recours que l'article 12 de la loi du 15 juin 1872 donne au tiers porteur de titres frappés d'opposition contre son vendeur et qui, suivant que l'a déclaré le rapporteur de ladite loi devant l'Assemblée nationale, comporte pour ce tiers porteur le droit de combattre l'action des revendiquants au même titre que le pourrait le vendeur lui-même; — Par ces motifs, — Déclare Moreau mal fondé dans sa demande, l'en déboute et le condamne en tous les dépens. »

C'est l'application des principes sur la garantie.

L'agent de change n'a qu'à ne pas se prêter à la négociation. Il n'a pas, comme l'établissement débiteur, à retenir le titre qui lui est présenté. Il n'en a même pas le droit.

C'est ce qui a été décidé par un jugement de la 2e chambre du Tribunal civil de la Seine du 16 janvier 1880 (*Droit* des 23 et 24 février 1880) ainsi formulé :

« Le Tribunal, — Attendu que la Société française et belge de banque et d'escompte justifie avoir acheté par Laurent, agent de change, le 2 décembre 1878, les quatre-vingt-dix actions de la Compagnie du chemin de fer d'Orléans qui donnent lieu à l'instance actuelle;

« En ce qui concerne Dutilleul :

« Attendu que la loi du 15 juin 1872 a pour objet de fournir au propriétaire des titres au porteur qui en est dépossédé le moyen de se faire restituer contre cette perte;

« Qu'elle édicte, dans ce but, les mesures destinées à empêcher la négociation des titres et à permettre au propriétaire de percevoir le capital et les intérêts et dividendes et d'obtenir la délivrance de nouveaux titres;

« Attendu que la Société demanderesse a rempli les formalités prescrites; qu'elle a notifié : 1° à la Compagnie du chemin de fer d'Orléans, à la date du 4 décembre 1878, le nombre, la nature et le numéro des titres; 2° au syndicat des agents de change de Paris, à la date du 3 du même mois, une opposition contenant les mêmes énonciations avec réquisition de faire publier les numéros dans le *Bulletin officiel;*

« Attendu que la loi susdatée n'impose qu'à l'établissement débiteur l'obligation de retenir les titres frappés d'opposition;

« Que Dutilleul était uniquement tenu de ne pas servir d'intermédiaire à une négociation désormais sans effet à l'égard de la Société demanderesse, sous peine de s'exposer au recours de la personne qui aurait payé un titre dont elle ne pourrait librement disposer;

« Qu'en retirant des mains des acquéreurs les titres frappés d'opposition et en les restituant à Cahen d'Anvers, Dutilleul n'a fait que replacer la Banque française et belge dans la situation antérieure à la négociation, sans encourir, par application de la loi du 15 juin 1872, aucune responsabilité envers ladite Société;

« Attendu que celle-ci allègue que Dutilleul, averti de l'instruction commencée, avait reçu défense de se dessaisir des actions dont s'agit;

« Mais, attendu que le 27 décembre 1878 le commissaire de police délégué, recherchant par quelles mains avaient passé 8 actions présentées le même jour à la Compagnie du chemin de fer d'Orléans, a constaté qu'elles formaient partie d'un lot de 90 titres de même nature dont l'heure avancée ne lui a pas permis d'opérer régulièrement la saisie;

« Que la notification à Dutilleul de la commission rogatoire concernant la mise des titres sous séquestre, entre les mains de leurs détenteurs, n'a eu lieu qu'après la restitution par lui opérée à Cahen d'Anvers et Ce;

« Que cette notification était accompagnée de l'invitation de faire connaître les noms et adresses des personnes auxquelles lesdites actions avaient été vendues, en y ajoutant la date des négociations;

« Que ce fait démontre suffisamment que, lors des recherches faites la veille, Dutilleul n'avait pas été considéré comme détenteur des titres et n'avait pu en être constitué séquestre, les recherches devant continuer, d'après les renseignements par lui fournis, pour retrouver les porteurs du surplus des actions;

« En ce qui concerne Cahen d'Anvers et Ce:

« Attendu qu'ils étaient non pas les propriétaires des titres, mais seulement les mandataires chargés d'en faire opérer la négociation pour le compte d'un tiers dont ils ont donné le nom et l'adresse ;

« Que s'il est constant que les susnommés, connaissant l'origine frauduleuse des titres par eux reçus et transmis à Dutilleul, les ont réexpédiés à leur correspondant, ce seul renvoi n'est pas une cause de responsabilité civile ;

« Que jusqu'à la notification faite le 28 décembre 1868, aucun acte régulier n'avait mis un obstacle légal au dessaisissement reproché à tort aux défendeurs ;

« Que, lors de cette notification, ces derniers n'étaient plus détenteurs des titres, et qu'en les faisant rentrer en leur possession, ils auraient pu perdre tout recours contre leurs mandants ;

« Par ces motifs,

« Déclare la Société française et belge de banque et d'escompte mal fondée dans sa demande et l'en déboute,

« La condamne aux dépens. »

Cette solution est logique. En effet, il faut bien remarquer que l'établissement débiteur, se trouvant en présence d'une opposition, ne paiera ni coupons ni dividendes, que, par conséquent, les acquéreurs des titres n'en pourront profiter et qu'au contraire, le propriétaire dépossédé pourra, en se conformant aux formalités de la loi, toucher les coupons et plus tard se faire délivrer des duplicata.

L'article 13 impose aux agents de change l'obligation d'inscrire sur leurs livres les numéros des titres qu'ils achètent ou qu'ils vendent, et de mentionner sur les bordereaux d'achat les numéros livrés. Le règlement du 10 avril 1873 a fixé à cinq centimes par titre la rémunération qui leur est due pour cette inscription.

Nous ne saurions trop recommander au public d'insister pour cette inscription, qui, en cas de perte des titres, établira souvent seule, leur droit de propriété. Certains agents de change, en effet, trouvant probablement la rémunération insuffisante, ne font cette inscription que lorsqu'on la leur réclame. Il y va pourtant de leur intérêt aussi bien que de celui du public, car c'est là un des avantages que présentent les ventes faites par le ministère d'agents de change sur celles opérées par d'autres intermédiaires. On ne peut, en effet, exiger la même mention de ceux-ci, et la feraient-ils volontairement qu'elle n'aurait pas la même valeur.

CHAPITRE V.

Art. 14 de la loi. — Responsabilité des changeurs et banquiers. — Jurisprudence.

Nous avons dit au début de cet ouvrage (1re partie, pages 4 et suivantes) quelle était la jurisprudence antérieure à la loi du 15 juin 1872. On appliquait aux titres au porteur les art. 2279 et 2280 du Code civil. La loi n'a pas entendu innover complètement à cet égard et a décidé que ces articles s'appliqueraient encore « à l'égard des négociations ou transmissions de titres antérieurs à la publication de l'opération. » Il est donc intéressant de faire connaître ces articles. L'article 2279 est ainsi conçu : « En fait de meubles, la possession vaut titre. Néanmoins, celui qui a perdu ou auquel il a été volé une chose, peut la revendiquer pendant trois ans, à compter du jour de la perte ou du vol, contre celui dans les mains duquel il la trouve ; sauf à celui-ci son recours contre celui duquel il la tient. » Voici maintenant le texte de l'article 2280 : « Si le possesseur actuel de la chose volée ou perdue l'a achetée dans une foire ou dans un marché, ou dans une vente publique, ou d'un marchand vendant des choses pareilles, le propriétaire originaire ne peut se la faire rendre qu'en remboursant au possesseur le prix qu'elle lui a coûté. »

Ainsi, en principe, celui qui possède une chose mobilière en est propriétaire.

Le Tribunal civil de la Seine et, après lui, la Cour de Paris ont fait une application de ce principe par jugement et arrêt des 27 février 1874 et 19 juillet 1875 (*Droit* du 28 juillet 1875).

Le Jugement est ainsi conçu : « Attendu que L... a, par acte du 28 juin 1873, formé entre les mains de la Ville de Paris une opposition au paiement de neuf obligations du département de la Seine et de leurs coupons, dont C... est détenteur, et qu'il demande que ce dernier soit condamné à lui remettre ces titres, prétendant qu'ils lui ont été déposés pour garantie d'un dépôt de 1625 francs ;

« Attendu qu'il est constant que C... est en possession de ces titres depuis le 17 septembre 1870 ; qu'il en a touché les coupons depuis cette époque, et qu'il a même reçu le capital de deux obligations qu'il tenait au même titre lorsque, par l'effet du tirage au sort, ce capital est devenu exigible ;

« Attendu qu'en fait de meubles possession vaut titre ; que C... est fondé à se prévaloir de la présomption légale édictée par l'art. 2279 du Code civil, tant que L.... ne prouve pas qu'il ne possède pas à titre de propriétaire ; que ce dernier ne fait pas cette preuve ;

« Attendu que C... reconnaît que ces obligations lui ont été remises par L...., mais qu'il déclare en même temps que cette remise a été effectuée parce qu'il les lui avait achetées ; que son aveu est indivisible. »

La Cour de Paris, par son arrêt, a confirmé par adoption de motifs et le pourvoi contre cet arrêt a été rejeté par arrêt de la chambre des requêtes du 14 février 1877 (*Droit* du 15 février 1877).

Toutefois, si celui qui était originairement propriétaire de la chose mobilière l'a perdue ou en a été dépouillé par vol, il peut la revendiquer pendant trois ans à charge d'en rembourser le prix, si le possesseur actuel l'a achetée dans un marché ou d'un marchand vendant des choses pareilles.

L'action de l'art. 2279 est une véritable action en revendication et, pour qu'elle réussisse, il faut que celui contre lequel elle est intentée ait encore les valeurs entre les mains. C'est ce qui a été décidé par arrêt de la chambre civile du 24 juin 1874, rapporté dans le Recueil de Dalloz, année 1874 (1re partie, page 429).

Cet arrêt est ainsi conçu : « La Cour; vu l'art. 2279, Code civil;

« Attendu que cet article, en disposant par dérogation à la règle : qu'en fait de meubles la possession vaut titre, que celui qui a perdu ou auquel il a été volé une chose peut la revendiquer contre celui entre les mains duquel il la trouve, accorde au propriétaire, contre le possesseur, une action réelle, laquelle, tendant à la reprise de la chose elle-même, repose uniquement, mais nécessairement, sur ce fait qu'au moment de la demande, le défendeur est en possession de la chose revendiquée;

« Attendu que celui qui a cessé d'avoir la possession d'une chose perdue ou volée peut sans doute, par application de l'art. 1382, Code civil, être passible de dommages-intérêts ou de réparations envers le propriétaire de cette chose, auquel, par sa faute, il aurait causé un préjudice; mais que l'action, qui appartient, dans ce cas, au propriétaire, est une action personnelle qui doit être fondée sur l'existence d'une faute commise par le défendeur, et qui ne peut être accueillie qu'autant que cette faute est préalablement constatée par le juge;

« Attendu qu'il est reconnu, en fait, par le jugement attaqué, que l'obligation russe revendiquée par Grandperret, entre les mains de Choisel et Ce, avait été, antérieurement à sa demande, vendue par ces derniers à la Bourse de Paris, et que, par conséquent, ils ne l'avaient plus en leur possession;

» Que, cependant, ce jugement, pour les condamner à payer à Grandperret la valeur de cette action, s'est uniquement fondé sur l'article 2279 Code civil, sans constater, d'ailleurs, aucune faute à leur charge, en quoi il a manifestement violé ledit article. Par ces motifs, casse, etc... »

Nous citerons dans le même sens un jugement de

la 5e chambre du tribunal civil de la Seine du 25 mai 1878 (*Droit* du 30 août 1878).

Il n'est même pas nécessaire que le changeur ait vendu les titres pour échapper à l'action de l'art. 2279; il suffit qu'il ait accompli le mandat dont il était chargé et, par exemple, si on lui avait envoyé des titres pour remettre à un agent de change, qu'il ait remis ces titres.

C'est ce qui a été décidé par la 5e chambre du tribunal civil de la Seine le 1er août 1878 (*Droit* du 30 août 1878) par un jugement ainsi motivé :

« Le Tribunal,

« Attendu que le sieur Pauthoun revendique entre les mains du sieur Malzac, changeur, six obligations au porteur de la ville de Paris, emprunt de 1865, qui lui ont été volées à Reims, en 1876;

« Mais attendu que le sieur Malzac ne prétend pas être propriétaire ni même détenteur pour son propre compte des obligations dont s'agit;

« Qu'il n'entend exercer sur elles aucun droit personnel résultant de la possession dont l'art. 2279 règle les effets juridiques en lui donnant la valeur d'un titre;

« Qu'il résulte, en effet, des documents de la cause, que les obligations dont s'agit lui ont été envoyées par le sieur Girard, agent de change à Charleroi (Belgique), pour en effectuer la vente à Paris, au mois de mai 1876; qu'il les a remises immédiatement et avant toute opposition au sieur Saucède, son agent de change, le 2 juin 1876, et qu'elles sont aujourd'hui déposées à la Chambre syndicale des agents de change, par suite de l'opposition pratiquée par Pauthoun, le 8 juin 1876; que dans cette situation, le sieur Malzac n'a été qu'un simple intermédiaire, ayant rempli son mandat et ne pouvant même plus être considéré comme détenteur actuel des obligations;

« Que, par suite, il n'a aucune qualité pour défendre utilement sur la question de revendication soulevée par le sieur Pauthoun, et qu'il n'est pas soumis à l'action ouverte par l'art. 2279 ; que Pauthoun a été averti directement de l'état véritable des choses par le sieur Girard lui-même, qui en a assumé toute la responsabilité, et qui prétend être seul propriétaire légitime des obligations, par suite de l'achat qu'il en aurait fait de bonne foi ; que c'est donc contre Girard, et non contre Malzac, que l'action aurait dû être dirigée;

« Attendu que, même dans le cas où le sieur Malzac, au lieu d'être un simple intermédiaire, pourrait être considéré comme un véritable acquéreur, l'action ne serait pas plus recevable ; qu'en effet, dans ce cas, il pourrait, aux termes de l'art. 2280, opposer, ainsi qu'il le fait, le défaut d'offre du remboursement du prix des obligations qu'il aurait acquises d'un agent de change, vendeur à ce titre de choses pareilles ;

« Attendu que le sieur Pauthoun ne prouve pas que Malzac ait pu être mêlé à cette opération en une autre qualité que celle d'intermédiaire ou d'acquéreur, ni qu'il ait une faute personnelle à se reprocher ;

« Par ces motifs,

« Déclare le sieur Pauthoun non recevable, dans tous les cas mal fondé dans sa demande contre Malzac, l'en déboute, et le condamne aux dépens ;

« Lui réserve, en tant que de besoin, tous ses droits contre le sieur Girard, pour les faire valoir ainsi qu'il avisera. »

Cette action peut être exercée pendant trois ans. Ce délai est fatal, ainsi qu'il résulte d'un arrêt de la chambre civile de la Cour de cassation du 5 décembre 1876 (*Droit* du 24 mars 1877) ainsi motivé :

« La Cour, attendu qu'en fait de meubles la possession vaut

titre, s'il n'est point établi d'ailleurs, que le possesseur a acquis la chose sachant qu'elle lui était transmise par une personne qui n'en était pas propriétaire ou qui n'avait pas qualité pour lui en transférer la propriété ;

« Attendu néanmoins que, lorsqu'il s'agit de choses volées ou perdues, le propriétaire peut, dans les trois ans de la perte ou du vol, exercer la revendication même entre les mains du possesseur de bonne foi, sauf le recours de ce dernier contre celui de qui il tient l'objet revendiqué; mais que, ce délai passé, le propriétaire ne peut plus réclamer cet objet que dans les termes du droit commun ;

« Attendu que, dans l'espèce, les titres volés au sieur Dablin n'ont été revendiqués par celui-ci contre la dame Fortmorel que plus de trois années après le vol ; qu'à l'appui de son action en revendication, ledit Dablin s'est borné à articuler que la dame Fortmorel avait gardé les titres dont s'agit pendant plus de trois ans sans les mettre en circulation et sans en réclamer les arrérages, ce qui ne pouvait s'expliquer, disait-il, que par la connaissance qu'elle avait des oppositions formées à la suite du vol, oppositions qui, selon lui, avaient empêché toute prescription et constitué ladite dame en état de mauvaise foi ;

« Mais attendu que le sieur Dablin n'a jamais établi, ni prétendu que la dame Fortmorel ait su, au moment où elle a acquis les titres, qu'ils avaient été volés ;

« Attendu que, dans ces circonstances, le jugement attaqué a pu décider que le seul laps des trois années écoulées depuis le vol suffirait à libérer la défenderesse de l'action en revendication exercée contre elle, qu'en statuant ainsi, le jugement dénoncé n'a point violé, ni faussement appliqué l'art. 2279 du Code civil, invoqué par le pourvoi, rejette..... »

On a même été plus loin dans cette voie, et un jugement du tribunal civil de la Seine du 30 mars 1878 (*Droit* du 2 mai 1878) a décidé que, malgré la loi du

15 juin 1872, la prescription de trois ans édictée par l'art. 2279 du Code civil pouvait être valablement opposée.

Voici ce jugement :

« Le Tribunal reçoit Chapos opposant au jugement par défaut rendu contre lui le 10 mars 1877 ; et, attendu qu'il résulte des documents du procès que Chapos, en janvier 1875, a acheté de la dame Moreau dix obligations de Suez ; — Que lesdites obligations avaient été soustraites frauduleusement par la dame Moreau à la veuve Denizet, aujourd'hui décédée ; — Que, par arrêt de la Cour d'appel de Paris du 12 août 1875, la dame Moreau a été condamnée pour ce fait à dix-huit mois d'emprisonnement ; — Attendu que le jugement par défaut a condamné Chapos à la restitution des titres ou de valeurs entre les mains des héritiers Denizet ; — Attendu que Chapos oppose à la demande une exception fondée sur ce motif qu'il se serait écoulé plus de trois années entre la soustraction frauduleuse et l'action en revendication ; — Que dès lors la prescription lui serait acquise ; — Attendu qu'il est constant que l'assignation est postérieure de plus de trois années à la date de la soustraction frauduleuse ; — Que, malgré les oppositions formées tant au Syndicat des agents de change, qu'à la Compagnie de Suez et la publicité donnée auxdites oppositions, Chapos ne peut être considéré comme ayant été de mauvaise foi et comme ayant connu l'origine coupable des titres qu'il détenait que du jour où, en 1875, la Compagnie lui refusait le paiement des coupons ; — Attendu que la prescription est encourue ;

« Par ces motifs, déclare nul et de nul effet le jugement par défaut du 10 mars 1875, déclare les héritiers Denizet mal fondés en leur demande, les en déboute et les condamne aux dépens. »

Nous croyons la doctrine adoptée par ce jugement inadmissible. Il importe de remarquer, en effet, que cette espèce n'est pas la même que la précédente. Il avait été constaté en fait par le jugement du tribunal civil de Mantes, du 29 août 1874, sur lequel est intervenu l'arrêt de la Cour de cassation précédemment cité, qui se trouve aussi D.P. 1877.1.165, que la dame Fortmorel était devenue propriétaire des titres dans le courant de l'année 1871, c'est-à-dire avant la promulgation de la loi. Il résulte, au contraire, de l'exposé du journal *le Droit* qui précède le texte du jugement du 30 mars 1878 que les titres avaient été achetés en janvier 1875, tandis que les oppositions avaient été faites et publiées en février 1874. Donc, dans le premier cas, il n'y avait pas lieu d'appliquer la loi, tandis que, dans le second, on tombait sous le coup de l'article 12 qui déclare sans effet vis-à-vis de l'opposant toute négociation ou transmission postérieure au jour où le *Bulletin* est parvenu dans le lieu où elle a été faite. S'il en est autrement, si la doctrine du tribunal civil de la Seine doit prévaloir, la loi ira directement contre son but. La publicité qu'elle a organisé ne servira, en effet, qu'à avertir les porteurs de titres qu'en attendant trois ans depuis la première publication, ils pourront en toute sécurité opposer la prescription.

Cette action ne s'applique ni à l'abus de confiance, ni à l'escroquerie, d'après une jurisprudence constante. C'est ce qui a été décidé encore par un jugement de la 5e chambre du Tribunal civil de la Seine du 16 août 1879 (*Droit* du 23 octobre 1879), ainsi motivé :

« Attendu que, dans cet état du débat, le Tribunal doit d'abord examiner la recevabilité de la demande en maintien de son opposition et en restitution de titres formée par Dupontieu;

« Attendu que cette demande n'est pas autre chose qu'une demande en revendication, dans les termes du second paragraphe de l'art. 2279 du Code civil;

« Attendu, en fait, qu'il est constant au procès et qu'il est reconnu par Dupontieu lui-même que les actions qu'il revendique ont été détournées à son préjudice par le sieur Grand, par suite d'un abus de confiance;

« Attendu, en droit, qu'aux termes du 2e § de l'article 2279 du Code civil, la revendication des meubles ou des valeurs au porteur dans les mains du détenteur actuel n'est autorisée, au profit du véritable propriétaire, que dans le cas de perte ou de vol, c'est-à-dire dans des cas où la chose a été ravie au propriétaire par un fait complètement étranger à sa volonté; mais qu'on ne saurait étendre cette exception au cas où le propriétaire a été dépouillé par un abus de confiance commis par son dépositaire ou son mandataire;

« Qu'en effet, le propriétaire doit, en ce cas, s'imputer la faute qu'il a commise en plaçant mal sa confiance et en livrant imprudemment la possession de sa chose au mandataire ou dépositaire infidèle;

« Qu'il est donc juste qu'il subisse seul les chances de l'insolvabilité dudit mandataire ou dépositaire et qu'il n'a de recours que contre lui et non contre le tiers de bonne foi qui a traité avec le possesseur qui justifiait par sa possession même d'un titre apparent et suffisant de propriété; etc.

L'art. 2280 autorise celui qui a acheté une chose perdue ou volée dans un marché, ou d'un marchand vendant des choses pareilles, à s'en faire rembourser le prix. Le prix comprend tous les loyaux coûts. C'est ce qui a été décidé par jugement du Tribunal civil de la Seine du 7 août 1875, ainsi motivé (*Droit* du 12 septembre 1875) :

« Attendu que Bertheraud justifie qu'il est propriétaire de l'obligation du chemin de fer du Midi n° 1,301,499, qui lui a été volée dans les premiers mois de 1874; qu'il est donc fondé à la revendiquer contre la Société des dépôts et comptes courants qui en est actuellement possesseur; mais que cette Société l'ayant achetée à la Bourse de Paris, par le ministère de Ledoux, agent de change, n'est tenue de la restituer que si Bertheraud satisfait à la condition exigée par l'art. 2280 du Code civil;

« Attendu que, par acte du 19 mars 1875, Bertheraud a offert réellement à la Société des dépôts et comptes courants 279 fr. 75, capital du prix d'achat, sous la condition de faire connaître son vendeur et de remettre le titre avec les coupons échus;

« Attendu, qu'en droit, ladite Société ayant acheté cette obligation par le ministère d'un agent de change, n'a pas à rechercher et ne peut être tenue de faire connaître de qui cet agent l'a reçue, et qu'en fait, il résulte des documents du procès que Bertheraud savait depuis longtemps par qui elle avait été mise en circulation et par quelles mains elle avait passé;

« Attendu que, d'un autre côté, si Bertheraud exigeait la remise des coupons, il devait offrir les intérêts du prix;

« Attendu que, de plus, la Société justifie que, par un acte de bonne administration et pour mieux assurer la conservation du titre, il a été compris dans un certificat nominatif, et que la restitution demandée rendra nécessaire un transfert; qu'il y a là de loyaux coûts dont le remboursement est dû aussi bien que les intérêts, d'après les termes généraux de l'art. 2280 du Code civil;

« Attendu que, quant au dommage pouvant résulter de la

différence des cours, il n'est pas établi que Bertheraud ait été mis en demeure par ladite Société, comme il l'avait été par Legrelle Fragniez, d'exercer sa revendication; qu'il n'y a là ni faute ni dommage appréciables;

« Attendu qu'il résulte de ce qui précède que Bertheraud n'est pas fondé à demander la validité d'offres insuffisantes et faites sous une condition inadmissible. »

Que doit-on entendre par marché? Les marchés des Titres au Porteur, sont les Bourses françaises. Faut-il y assimiler les Bourses étrangères? On aurait pu dire pour la négative que la loi française expire à la frontière et que la loi édicte certaines prescriptions difficiles à établir à l'étranger, notamment la présomption qu'on doit connaître l'opposition quand le Bulletin est parvenu ou a pu parvenir par la voie de la poste au lieu où la négociation est faite. Ces raisons n'ont pas prévalu. On a pensé que celui qui achetait des valeurs françaises devait se renseigner sur la loi qui les régissait et qu'il n'y avait aucune différence à faire entre les marchés étrangers et les marchés français. C'est ce qui a été décidé par un jugement de la 1re chambre du Tribunal civil de la Seine du 7 juin 1878 (*Droit* du 21 juin 1878). Il est ainsi conçu :

« Le Tribunal;

« Attendu que Mayer et fils justifient qu'ils ont acheté régulièrement à la Bourse de Londres, par le ministère d'agent de change, le 19 septembre 1876, 25 titres de l'Emprunt égyptien 1868, nos 504,601 à 504,625;

« Attendu que, lorsqu'ils ont déposé ces titres au Comptoir d'escompte pour la conversion, ils ont eu connaissance d'une opposition formée à la requête de Hourst, à la date du 25 août 1876, en vertu de la loi du 15 juin 1872 ; que le Comptoir d'escompte leur a déclaré que lesdites obligations ne pourraient leur être remises qu'après mainlevée de cette opposition ;

« Attendu que, sans qu'il soit besoin de rechercher si les demandeurs pourraient se prévaloir des dispositions de l'art. 14 de la loi de 1872, qui déclare ladite loi inapplicable aux négociations antérieures à la publication de l'opposition en articulant que, dès le 22 juin 1876, les obligations dont s'agit faisaient à Naples l'objet d'une transmission, il est constant que l'opposition pratiquée par Hourst est sans aucune valeur ;

« Attendu, en effet, que la loi du 15 juin 1872 ne concerne que les titres français ; que les termes dans lesquels elle est rédigée ne peuvent laisser aucun doute à cet égard ; qu'il suffit pour s'en convaincre de se reporter notamment aux art. 2, 3, 9, 10 et 15 relatifs à la notification à faire par huissier, à l'établissement débiteur, à l'autorisation à demander au président du Tribunal civil à l'effet de toucher, après un certain laps de temps, les intérêts et dividendes et même le capital des titres frappés d'opposition, à la libération de l'établissement débiteur, qui paie dans certaines conditions déterminées, au devoir imposé à cet établissement de retenir, en certains cas, les titres en litige, enfin au droit accordé à l'opposant d'exiger au bout de dix ans la remise d'un duplicata du titre originaire ; que la plupart des dispositions contenues auxdits articles seraient absolument dépourvues de sanction si elles devaient s'appliquer à des établissements étrangers ;

« Attendu, en conséquence, qu'il y a lieu de prononcer la mainlevée de l'opposition signifiée le 25 août 1876, et de repousser la demande en restitution de titres formée reconventionnellement par le défendeur ;

« Attendu, toutefois, qu'il n'échet d'accorder des dommages-intérêts aux demandeurs qui ne justifient d'aucun préjudice ;

« Qu'ils ne sont pas davantage fondés à obtenir l'exécution provisoire du présent jugement, laquelle est demandée hors des cas prévus par la loi;

« Attendu en ce qui touche les conclusions subsidiaires du défendeur, qu'il n'établit pas que les demandeurs aient commis une faute en achetant les titres dont s'agit ;

« Qu'ils se sont adressés à leur agent de change à Londres avec lequel ils sont en relations journalières d'affaires, pour l'achat de 100 obligations Égyptiennes ;

« Que lors même qu'ils auraient pu, à raison de leur profession, savoir que certains titres étaient frappés d'opposition, il n'est nullement établi qu'ils connussent à l'avance les numéros des titres qui devaient leur être livrés par leur agent de change;

« Qu'il est difficile d'admettre qu'ils eussent connaissance de l'opposition, puisqu'ils ont présenté leurs titres au Comptoir d'escompte pour en opérer la conversion ;

« Attendu que si Hourst justifie qu'il était propriétaire depuis 1869 des obligations en litige, il n'est pas plus fondé à obtenir une condamnation à des dommages-intérêts qu'il ne serait à revendiquer contre eux lesdites obligations en vertu de l'art. 2279 du Code civil;

« Qu'en effet les défendeurs qui s'en sont rendus acquéreurs dans un marché public peuvent se prévaloir des dispositions de l'art. 2280, cet article ne distinguant pas entre les marchés francais et les marchés étrangers ;

La 5e Chambre du même Tribunal, dans un jugement du 2 juillet 1879 (*Droit* des 2, 3 et 4 novembre 1879), s'est prononcée dans le même sens :

« Le Tribunal,

« Attendu qu'il est constant que Parviller a été la victime d'un vol important commis à son préjudice dans sa maison sise à Nogent-sur-Marne ; que parmi les valeurs volées se trouvaient neuf obligations des chemins de fer de l'Ouest actuellement aux mains de Cohen et Sons ;

« Attendu que Parviller, conformément à la loi du 15 juin 1872, a fait pratiquer des saisies-arrêts qui ont eu pour but de rendre nulles toutes négociations effectuées depuis lesdites oppositions ;

« Attendu que Cohen et Sons prétendent vainement que la loi du 15 juin 1872 ne s'applique pas aux négociations des titres français volés ou perdus faites en pays étranger ;

« Mais attendu qu'il n'est pas fait d'exception en faveur des négociations faites en pays étrangers ; que ces ventes, pour être régulières, doivent être faites conformément à loi française qui les régit ; qu'autrement, sous prétexte de négociations faites en pays étrangers les dispositions de la loi du 15 juin 1872 seraient éludées par les voleurs ou recéleurs de valeurs mobilières perdues ou volées ; que le législateur, au contraire, a voulu atteindre toute négociation faite postérieurement aux diligences prescrites par lui en faveur du légitime propriétaire ; qu'il y a donc lieu de maintenir les oppositions dont se plaignent Cohen et Sons, d'ordonner la restitution des titres à Parviller, auquel ils ont été volés, ou de condamner Cohen et Sons à en payer la valeur fixée à 5,000 fr.

Mais le marché, c'est la Bourse, et les boutiques des changeurs n'y sont pas assimilées. Ils ne sont pas même considérés comme marchands vendant des choses pareilles.

Par contre, le changeur est assujetti à une responsabilité qui peut être appréciée plus ou moins sévèrement. Ces questions de responsabilité s'étaient souvent présentées avant la loi de 1872.

Elles avaient été, la plupart du temps, résolues en

fait. Disons d'abord que le rôle du changeur ne peut être le même que celui de l'agent de change. Celui-ci ne peut, en effet, acheter pour lui-même; il n'est qu'un intermédiaire. Le changeur, au contraire, achète pour son compte et revend ensuite. De là deux sortes de responsabilités. Il peut être actionné soit par celui qui a été dépossédé et qui peut lui reprocher de n'avoir pas pris assez de renseignements avant d'acheter, soit par celui qui a acheté de lui et qui se trouve évincé. On appréciait, suivant les circonstances, la bonne ou la mauvaise foi du changeur. Ainsi, lorsque, par suite de l'application de l'art. 2280, le propriétaire dépossédé était obligé de payer à l'acquéreur le prix de son acquisition, le changeur pouvait être tenu de rembourser ce prix, s'il avait acheté sans prendre de renseignements suffisants. La loi nouvelle ne parle pas des changeurs. Il est probable qu'on n'a pas voulu donner aux ventes faites par leur ministère la consécration légale, mais il n'y a aucune raison pour ne pas leur appliquer la loi. C'est, du reste, ce qui a été décidé implicitement par le jugement du Tribunal civil de la Seine du 27 août 1875, cité plus haut (page 42), qui déclare que l'opposition, ayant été faite avant la publication du *Bulletin officiel*, n'a pu être régie par la nouvelle loi. Toutefois, les termes de la loi ne pourront pas s'appliquer d'une manière textuelle, à cause de la différence que nous avons indiquée plus haut, entre le rôle du changeur et celui de l'agent de change. Le changeur achète pour son compte ; par conséquent, s'il achète après la publication au *Bulletin,* la vente est nulle ; il doit restituer le titre ou sa valeur. S'il achète avant la publication et qu'il revende après, la vente pourra être annulée, et l'acheteur aura son recours contre le changeur. De sorte que celui-ci se trouvera dans une singulière situation, car s'il ne veut s'exposer à aucune responsabilité, il y aura un certain nombre de titres dont il ne pourra disposer, quoique les ayant achetés régulièrement. Cette situation existe, il est vrai, pour tout le monde, mais pour celui qui achète des valeurs comme placement, elle n'a pas les mêmes inconvénients que pour celui qui en fait l'objet de son commerce.

Nous avons vu plus haut ce qui s'était passé dans l'affaire Boutant, C. Carpentier et Cora. (Chap. 4).

Le changeur ne saurait donc prendre trop de précautions. Bien qu'il n'y ait pas d'opposition publiée, non seulement sa responsabilité pourra être engagée dans les termes des articles 1382 et 2279 du Code civil, mais il pourra, en certains cas, avoir acheté un titre qu'il ne pourra plus revendre sans s'exposer à un recours en garantie.

La question de responsabilité des changeurs a été, comme nous l'avons dit plus haut, résolue toujours d'après les circonstances du fait, et nous nous contenterons de citer sur ce point un arrêt de la Cour de Rouen du 12 mars 1873 (*Gazette des Tribunaux* du 3 mai 1873), un arrêt de la Cour de Paris, du 21 avril 1874 (*Gazette des Tribunaux*, 22 mai 1874), un jugement du Tribunal civil de la Seine, 29 avril 1874 (*Droit* du 14 mai 1874), un arrêt de la Cour de Paris, du 18 décembre 1874 (*Droit* des 18 et 19 janvier 1875) et deux jugements du Tribunal civil de la Seine des 30 janvier 1879 (*Droit* du 7 mars 1879) et 26 décembre 1879 (*Droit* du 28 février 1880).

Les banquiers remplissent un rôle qui tient à la fois de l'agent de change, en ce que, comme lui, ils servent seulement d'intermédiaires, et du changeur, en ce qu'ils ne sont pas officiers ministériels. Ils seront responsables toutes les fois qu'il y aura une faute personnelle à leur reprocher, mais ne seront pas astreints à des règles spéciales.

C'est ce qui a été décidé par jugement du Tribunal civil de Toulon du 31 juillet 1873 (D. P., 1874, 1re partie, p. 246), dont nous extrayons les motifs suivants :

« Attendu que la faute professionnelle consisterait en ce que le Crédit de Nice ne se serait pas conformé aux règlements spéciaux qui concernent les changeurs ; que cette faute doit tout d'abord être écartée, s'agissant, dans l'espèce, non d'un changeur, mais d'une maison faisant principalement des opérations de banque ;

« Attendu que la faute de droit commun résulterait de ce que le Crédit de Nice n'aurait pas pris les précautions nécessaires pour s'assurer de l'individualité de la personne qui sous le nom de Jullien, lui présentait des valeurs, n'aurait pas exigé la preuve de son droit de propriété, et lui aurait remis directement le prix au lieu de le porter à domicile;

« Attendu que, de ces trois griefs, le premier, seul, a une apparence de gravité; qu'en effet la détention d'un titre au porteur est, aux termes de la loi, une preuve de propriété pour le tiers de bonne foi; que, d'autre part, on ne saurait imposer aux banquiers le droit de payer à domicile et non dans leurs bureaux;

« Attendu que l'obligation de vérifier l'individualité des personnes avec lesquelles ils traitent n'étant imposée d'une manière spéciale aux agents de change, qu'à l'égard des valeurs nominatives (Cass. civ., 21 nov. 1848, D. P., 48, I, p. 239), et par aucune loi aux banquiers, ne naît pour ceux-ci que lorsque l'affaire est proposée au milieu de circonstances de nature à éveiller leurs soupçons; que, dès lors, sauf les cas prévus par les articles 2279 et 2280 C. civ., ou par la loi du 15 juin 1872, ce n'est qu'autant qu'ils ont été mis, par des circonstances particulières, en demeure d'agir avec circonspection, qu'ils peuvent être taxés d'une véritable imprudence et voir leur responsabilité engagée envers ceux à qui elle a occasionné un préjudice;

« Attendu que la loi du 15 juin 1872 confirme cette interprétation des principes, puisqu'elle se borne à réserver, avant l'opposition des propriétaires, l'application des articles 2279 et 2280 (art. 14), à rendre, après que l'opposition est devenue publique, les agents de change responsables, les déchargeant dans tous les autres cas, de toute responsabilité, pourvu que leur mauvaise foi ne soit pas démontrée (art. 12);

« Attendu que le législateur, quel que fût son désir de protéger les propriétaires de titres au porteur, n'a pas cru possible d'édicter d'autres mesures, sans apporter des entraves à la libre et rapide circulation de ces titres;

« Attendu que le Crédit de Nice, ignorant le détournement, n'ayant pas été averti, ni par le *Journal des Oppositions*, ni par un avis officieux, qu'il aurait été si facile de donner sur place, n'a eu aucune raison de douter de la loyauté de l'inconnu qui l'a chargé de faire négocier les deux obligations numéros..... »

Le pourvoi contre ce jugement a été rejeté par arrêt de la chambre des requêtes du 24 mars 1874.

CHAPITRE VI.

Art. 15 de la loi. — Délivrance des nouveaux titres. — Duplicata.

L'art. 15 donne le moyen de se faire délivrer un nouveau titre. Dix ans après l'autorisation obtenue en vertu de l'article 3, si l'opposition a été publiée sans que personne se soit présenté pour recevoir les intérêts ou dividendes, l'opposant pourra exiger de l'établissement débiteur qu'il lui soit remis un titre semblable et subrogé au premier, à la condition de payer les frais qu'il occasionnera et de garantir, par un dépôt ou par une caution, que le numéro du titre frappé de déchéance, sera publié pendant 10 ans, avec une mention spéciale au *Bulletin* quotidien. Il faut remarquer que la publicité est exigée seulement pour la délivrance d'un *duplicata* et non pour le remboursement. Si donc le capital devenait exigible avant onze ans depuis l'opposition, l'opposant pourra faire cesser la publication. Il aurait tort de le faire, car si le titre circulait de nouveau sur le marché, il n'y aurait plus lieu d'appliquer la loi de 1872, mais les articles 2279 et 2280, et par suite, si le titre était entre les mains d'un tiers porteur de bonne foi, l'opposant pourrait être obligé de restituer le capital par lui perçu, qui devrait appartenir à celui devenu le légitime possesseur du titre.

Le *duplicata* confère les mêmes droits que l'ancien titre; par suite, celui qui en est en possession n'a pas de caution à fournir pour le remboursement du capital lorsqu'il deviendra exigible. Si le capital est devenu exigible avant la délivrance du duplicata, il faut fournir caution. Mais sera-t-elle tenue pendant dix ans, comme l'indique l'art 3. ?

Les termes de cet article paraissent formels; mais alors, le propriétaire dont le capital sera devenu exigible avant que la délivrance d'un duplicata soit possible, sera dans une position bien plus défavorable que celui dont le capital n'écherra qu'après cette époque.

M. de Folleville, dans son *Traité de la Possession des meubles et des titres au porteur* (p. 620) (1), dit « que la caution cessera d'être tenue; le dépôt cessera d'exister le jour où de nouveaux titres seront, « selon les prescriptions de l'article 15 exactement « observées, délivrées à l'opposant. »

(1) Un vol. in-8.

Cette solution est équitable assurément; mais elle nous semble peu conforme au texte et nous craignons qu'elle ne soit pas consacrée par la jurisprudence.

Nous croyons que l'opposant aura le choix entre deux mesures, ou bien fournir immédiatement les garanties prescrites par l'article 5, ou bien attendre le temps voulu pour obtenir la délivrance d'un *duplicata.* Mais s'il a fourni caution, il nous semble bien difficile que les Tribunaux puissent ordonner la décharge de la caution par cela qu'un titre nouveau a été délivré.

Sur ce même article 15, M. de Folleville (*op. cit.* p. 625) examine plusieurs hypothèses que nous allons discuter avec lui. La première est celle-ci : « Mes valeurs ne sont pas perdues, elles sont chez « moi, mais il est impossible de mettre la main des« sus. Un tiers, connaissant cette situation, se pré« sente comme victime d'une destruction de ces « titres. Il encaisse les revenus pendant onze ans; « puis il obtient le duplicata qui frappe de dé« chéance l'ancien titre (art. 5 et 15). Après ma « mort, arrivée sur ces entrefaites, mes héritiers « retrouvent les anciens titres. »

M. de Folleville croit que dans ce cas les héritiers auront une action en revendication du duplicata. Cette théorie ne nous paraît pas exacte. Qu'est-ce, en effet, qu'un titre au porteur? C'est la représentation d'une créance contre une compagnie, une ville, un

État. Il ne peut y avoir deux titres représentant la même créance. Cela est si vrai que l'article 15, en autorisant la création d'un duplicata, annule le titre primitif. Comment donc les possesseurs de ce titre primitif peuvent-ils revendiquer le duplicata, c'est-à-dire la représentation de ce qu'ils ont entre les mains ?

Nous croyons que si les héritiers du propriétaire primitif peuvent établir la mauvaise foi de celui qui s'est fait délivrer le *duplicata*, ils pourront le faire annuler comme frauduleux. Mais si, comme il arrive souvent, ils ne peuvent faire cette preuve ou que le *duplicata* se trouve entre les mains d'un tiers porteur de bonne foi, nous pensons qu'il faudra appliquer formellement l'article 15.

Cette solution est non seulement conforme au droit, mais à l'équité. En effet, le propriétaire primitif qui ne pouvait retrouver ses titres, a commis une grande négligence en ne consultant pas, au moins une seule fois, pendant un si long espace de temps, le *Bulletin*, où il aurait vu qu'ils étaient frappés d'opposition ; et ses ayants cause doivent dès lors supporter la conséquence d'une telle négligence.

Voici une seconde hypothèse : Je perds un titre et je ne forme pas opposition. Ce titre, trouvé par *Primus*, lui est volé par *Secundus*. *Primus* forme opposition et, au bout de onze ans, se fait délivrer un *duplicata*. A ce moment, *Secundus* me restitue le titre.

M. de Folleville dit que je pourrais revendiquer le *duplicata*. Nous avons dit plus haut que cette revendication ne nous paraissait pas possible. Mais, dans ce cas, je pourrai faire annuler ce *duplicata* comme frauduleux et obtenu à la suite d'une opposition faite sans cause.

Supposons maintenant que *Secundus*, au lieu de restituer le titre au propriétaire primitif l'ait cédé à un tiers acquéreur de bonne foi. Dans ce cas, M. de Folleville dit que l'action en revendication appartiendra au tiers porteur.

Nous ne pouvons admettre cette solution, puisque nous n'accordons pas d'action en revendication; mais ce tiers porteur, *Tertius*, pourra-t-il, tout au moins faire annuler le *duplicata?* Nous ne le croyons pas non plus, car ce n'est pas vis-à-vis de lui que la fraude a été exercée. Dans ce cas il faudra donc appliquer l'article 15 dans toute sa rigueur et dire que le titre primitif est frappé de déchéance. *Tertius* n'a qu'à s'imputer à lui-même sa négligence et son inaction. Cependant il aura une action contre *Primus*, en répétition de toutes les sommes touchées depuis son acquisition jusqu'à la délivrance du duplicata, conformément à l'article 9.

Pour terminer nos explications sur l'article 15, nous examinerons un amendement présenté par M. de Marcère. Cet amendement était ainsi conçu : « Dans le cas où le propriétaire de valeurs mobiliè-

« res fournirait la preuve que ses titres ont péri dans « un sinistre, il peut toujours réclamer de la Compa- « gnie ou de l'établissement débiteur un titre nou- « veau en duplicata. S'il y a contestation, les tribu- « naux peuvent ordonner la délivrance de nouveaux « titres. »

Le rapporteur fit observer que le cas était prévu par l'article 1348 du Code civil et il ajouta : « Dans « le cas où il serait démontré d'une manière irréfra- « gable, sans qu'il pût y avoir sujet à erreur possi- « ble, que le titre a péri dans un sinistre, la Compa- « gnie serait tenue de remettre un duplicata de ce « titre au réclamant, duplicata qui aurait tous les « avantages que possédait le titre primitif vis-à-vis « de la Compagnie, soit au point de vue du paie- « ment, soit au point de vue de la négociabilité. »

M. de Marcère, satisfait de cette explication, retira son amendement. M. Buchère (1) déclare qu'il se serait montré plus difficile, car la preuve exigée par le rapporteur sera presque impossible; et, quant à l'article 1348, il peut bien régler les rapports du créancier et du débiteur, mais ne peut avoir aucune influence à l'égard des tiers. Il eût mieux valu faciliter, en ce cas, la délivrance d'un *duplicata*, en exi-

---

(1) *Traité théorique et pratique des valeurs mobilières.* Marescq aîné, 2e édition, page 582.

geant toujours une certaine publicité. Nous sommes entièrement de cet avis qui, cependant, n'est pas partagé par M. de Folleville. Le savant professeur croit que les tribunaux pourront appliquer l'article 1348 et que « si, par malheur, les juges se sont trompés ou si leur religion a été surprise, l'établissement débiteur sera, du moins, protégé par l'article 1240. Les paiements faits par lui, en exécution du nouveau titre seront à l'abri de toute attaque. Quant au porteur du titre primitif, il pourra intenter l'action en revendication du duplicata, en prouvant la légitimité de sa propriété, et il aura l'action en répétition de l'indu contre le créancier apparent, qui aurait, mal à propos, touché des dividendes ne lui appartenant pas, tout cela conformément au droit commun des articles 1348, 2279, 2280 et 1376 à 1381. » Nous ne pouvons admettre cette solution. Nous convenons bien que l'établissement débiteur pourrait invoquer l'article 1240 pour sa libération. Mais les droits du véritable propriétaire se trouveraient tout à fait lésés. En effet, suivant nous, la revendication du *duplicata* est impossible, et la répétition de l'indu peut être illusoire. Nous croyons qu'alors il faut encore appliquer l'article 15 et que les Compagnies ne sont tenues de délivrer de duplicata que dans les conditons prescrites par cet article.

CHAPITRE VII.

Art. 16 de la loi. — Titres de rentes sur l'État au porteur. — Rentes étrangères. — Rente italienne. — Billets de banque.

La loi ne s'applique « ni aux billets de la Banque « de France, ni aux billets de même nature émis par « des établissements légalement autorisés, ni aux « rentes et autres titres au porteur émis par l'État, « lesquels continueront à être régis par les lois, dé-« crets et règlements en vigueur. » (Article 16).

L'exception apportée relativement aux billets de banque n'avait pas souffert d'objections dans le sein de la commission. Il n'en a pas été de même de la seconde exception, concernant les rentes sur l'État : « Il était peu rationel, avait-on dit, de ne pas sou-« mettre les rentes sur l'État au même régime que « les autres valeurs au porteur, car de deux choses « l'une, ou le système de la loi est bon, et il convient « alors de l'étendre à tous les titres, à ceux mêmes « qui ont l'État pour débiteur; ou l'on craint que « devant l'application, la loi nouvelle ne soit gênante, « incommode et, dans ce cas, il ne faut pas plus l'im-« poser aux valeurs des compagnies qu'à celles de « l'État. »

Cependant la majorité de la commission n'avait pas cru devoir s'écarter sur ce point du projet du gouvernement. Les rentes sur l'État n'étant passibles d'aucune opposition, l'État avait pu décentraliser ses paiements et autoriser les porteurs de rente à se présenter à celle des caisses publiques où il leur était le plus commode de se faire payer. Le nombre des agents payeurs de la rente était ainsi devenu très considérable, et si l'on imposait aux valeurs émises par le Trésor les dispositions nouvelles, l'État aurait à se préoccuper de la responsabilité qui pouvait résulter pour lui de leur inaction ou de leur négligence. Ces raisons ne nous semblent pas absolument convaincantes, et nous croyons que le porteur de titres de rentes se trouvant ainsi moins bien protégé que celui des autres valeurs mobilières, il peut y avoir là une cause de dépréciation pour les rentes sur l'État.

Nous venons de voir que les titres émis par l'État « continueront à être régis par les lois, décrets et « règlements en vigueur. »

« Mais, fait observer le rapport de M. Grivart, si les rentes sur l'État au porteur ne sont pas susceptibles d'opposition, le Trésor n'en consent pas moins, en cas de perte de titres, à prendre note officieuse et sans responsabilité, des déclarations qui lui sont faites. Il consent même à délivrer des duplicata, mais en exigeant alors la remise d'un cautionnement égal à la valeur des titres en principal, augmentée de cinq ans d'intérêt. » Au bout de vingt ans, d'après l'article 16 de la loi de 1872, ce cautionnement sera restitué.

On voit, par suite, que la position du propriétaire dépossédé, vis-à-vis du Trésor, sera à peu près la même que vis-à-vis des compagnies. Il pourra se faire délivrer immédiatement un nouveau titre, à la condition cependant de fournir un cautionnement en rentes nominatives sur l'État, tandis que vis-à-vis des compagnies il est obligé d'attendre onze ans ; mais, au bout de ce temps il obtient un duplicata, sans être astreint à aucune garantie.

Ce que nous venons de dire s'applique à l'État; vis-à-vis des tiers, la position est toute autre. Le texte de l'article 16 est formel : « les dispositions de la « présente loi... ne sont pas applicables. » Et l'on ne voit pas en effet quelle serait l'utilité de l'opposition à négociation et de la publicité au *Bulletin*, puis que celui qui aurait acheté malgré cette publicité toucherait néanmoins les arrérages. On appliquera donc aux titres de rentes sur l'État au porteur, les règles des articles 2279 et 2280.

Du reste, il faut remarquer que les lois étrangères sont en général peu favorables aux porteurs dépossédés de titres de rente. Ainsi la loi italienne n'admet ni opposition, ni mesure protectrice d'aucune sorte. Celui qui a été dépouillé de ses titres l'est définitivement. Ceci peut avoir un grand intérêt pour nous, car un grand nombre de Français sont possesseurs de titres de rente italienne au porteur.

Ce sont MM. de Rothschild qui, comme mandataires du gouvernement italien, s'occupent, vis-à-vis des porteurs français, de toutes les opérations d'échange des titres et des paiements de coupons. Un sieur Péan, qui avait été dépouillé de titres de rentes italienne au porteur, forma opposition aux mains de MM. de Rothschild au paiement des coupons et à l'échange des titres. MM. de Rothchild n'ayant tenu compte de cette opposition, M. Péan prétendit les rendre responsables du préjudice qui lui avait été causé; mais sa prétention fut repoussée par jugement du Tribunal civil de la Seine du 6 janvier 1876, confirmé par arrêt de la deuxième chambre de la Cour d'appel de Paris, du 31 décembre 1877, sur conclusions conformes de M. l'avocat général Hémar (*Droit* du 16 janvier 1878).

Le jugement est ainsi conçu :

« Le Tribunal : Attendu qu'en payant les coupons des titres de rente italienne frappés d'opposition par Péan, et en procédant à l'échange de ces mêmes titres nonobstant ladite opposition, les frères de Rothschild n'ont point engagé envers lui leur responsabilité;

« Que Péan a reconnu formellement lui-même et qu'il a fait plaider que les défendeurs ont agi comme préposés du gouvernement italien, que c'est en effet la qualité qui leur appartient dans la cause, et qu'ils ont dû se conformer à la loi constitutive de la dette publique italienne qui leur prescrit de n'avoir aucun égard aux oppositions reçues par eux;

« Attendu que Péan, en se rendant acquéreur de ces rentes italiennes, vendues publiquement en France, avec l'approbation du gouvernement français, a connu cette prescription de la loi étrangère qui déroge à notre droit commun, et s'y est soumis volontairement; qu'il n'est donc pas fondé à se plaindre que le gouvernement italien ou ses préposés se prévalent contre lui des conditions d'un contrat qu'il a librement accepté;

« Attendu que, sans doute, les défendeurs ne sont pas affranchis par la loi précitée des conséquences de leur négligence, de leur imprudence personnelle ou de celle de leurs commis, mais que le demandeur ne produit contre eux la preuve d'aucune faute de cette nature;

« Par ces motifs,

« Déclare Péan non recevable et mal fondé dans sa demande, l'en déboute et le condamne aux dépens. »

Sur l'appel, la Cour a rendu l'arrêt suivant :

« Considérant que le débat se réduit à une seule question, celle de savoir si les premiers juges ont eu raison de rejeter l'action en responsabilité dirigée par l'appelant contre les intimés;

« Considérant que Péan reproche aux frères Rothschild d'avoir détenu les titres de rente italienne qu'il avait frappés d'opposition, de s'en être dessaisis et d'avoir payé les coupons afférents à quelques-uns d'entre eux; que telle est la seule faute qu'il impute aux intimés;

« Considérant que, pour bien apprécier la valeur juridique du grief articulé, il importe de bien préciser la situation de la maison Rothschild à Paris, au regard du gouvernement italien; qu'en effet, cette situation, nettement définie, peut conduire à la solution du litige;

« Considérant que les frères Rothschild sont chargés par le gouvernement italien de payer les coupons de la rente italienne à Paris, et de faire échanger contre des titres nouveaux les titres dont les coupons sont épuisés, mais qu'à côté d'eux, dans leur maison de banque, il existe un délégué du gouvernement italien chargé d'un examen préalable;

« Que c'est à lui que la maison remet les coupons qui lui sont présentés, et qu'elle ne les paie que sur le *visa* du délégué;

« Qu'il en est de même pour l'échange des titres à renouveler ;

« Que ces titres sont envoyés en Italie et remis, à leur retour, aux intimés qui en font ensuite la livraison aux intéressés ;

« Qu'il faut donc reconnaître que les frères Rotschild ne sont que les agents, les proposés et, à proprement parler, les caissiers du gouvernement italien, opérant d'ailleurs sous le contrôle d'un délégué le paiement des rentes italiennes à Paris ;

« Qu'en cette qualité, ils ne peuvent, vis-à-vis des porteurs de ces rentes, encourir d'autre responsabilité que celle pouvant résulter d'une comptabilité irrégulière, mais que leur responsabilité ne saurait être engagée dans des questions à débattre avec leur mandant, c'est-à-dire avec le gouvernement italien ;

« Considérant que c'est pourtant à l'occasion de questions de cette nature que Péan a formé sa demande ; qu'en effet, elle se fonde sur le paiement des coupons autorisé par le délégué et la livraison des titres nouveaux revenus d'Italie ;

« Mais considérant que la législation italienne sur les titres au porteur les met aux risques et périls du propriétaire, et déclare expressément qu'il ne sera admis sur les inscriptions ni séquestre, ni opposition, ni empêchement d'aucune sorte ;

« Considérant qu'il est justifié, en fait, que les intimés ont fait connaître l'opposition au délégué, et que les paiements et les remises effectués ne l'ont été que sous le contrôle du délégué ; qu'aucune infraction à la comptabilité n'est relevée contre ces opérations, et que dès lors aucune cause de responsabilité ne peut atteindre les frères Rothschild ; qu'en payant, malgré l'opposition de Péan, les coupons et en livrant les titres nouveaux, ils n'ont fait que se conformer aux obligations de leur mandat et ne sont pas sortis de la situation acceptée par eux vis-à-vis du gouvernement italien ;

« Adoptant, au surplus, les motifs non contraires à ceux qui précèdent,

« Confirme. »

Nous avons vu que la loi ne s'appliquait pas non plus aux billets de banque. Quelle règle doit-on suivre en pareil cas?

La question est particulièrement délicate, car on n'est pas bien fixé sur la nature du billet de banque et on ne sait s'il faut le considérer comme une monnaie fiduciaire ou comme un titre au porteur.

Nous croyons impossible d'admettre cette dernière opinion, quoiqu'elle ait été soutenue par M. Labbé avec l'autorité qui s'attache à son nom. Elle nous semble, en effet, avoir des conséquences impossibles à admettre. Si le billet de banque est un titre au porteur, il faut lui appliquer toutes les règles qui régissent ces valeurs, sauf exception formelle. Lors donc qu'un billet de banque serait perdu ou volé, on pourrait le revendiquer pendant trente ans contre l'inventeur ou le voleur, et pendant trois ans contre le tiers possesseur de bonne foi. Quels sont donc les arguments pour admettre un système si gros d'inconvénients pratiques? Le billet de banque porte, il est vrai, des numéros qui permettent de le distinguer de ses congénères; mais est-ce pour en autoriser la revendication? n'est-ce pas plutôt un moyen de contrôle qui permette de découvrir les falsifications?

Nous ne pouvons pas croire que ces numéros aient pour résultat d'en faire un titre au porteur. Plusieurs différences essentielles le séparent, en effet, de ces valeurs. D'abord, le titre produit des intérêts payables à échéance fixe et n'est remboursable également qu'à certaines époques déterminées. Le billet de banque ne produit pas d'intérêts et est rembousable à vue; c'est même là sa raison d'être et son utilité; il est donc possible, pour les titres au porteur, de vérifier, au moment des échéances, s'il y a ou non des oppositions, mais comment faire cette vérification pour les billets de banque? Puis comment prouver que les billets ont été en ma possession et que j'en ai été dépouillé par un vol, ou que je les ai perdus? Et si je parviens à faire cette preuve et qu'ils soient entre les mains d'un tiers de bonne foi, celui-ci, pendant trois ans, se trouvera donc exposé à la revendication. Qui ne voit que cette conséquence serait la ruine du crédit des banques? Qui voudrait accepter un billet de banque, s'il pouvait avoir la crainte de se voir refuser le remboursement en espèces, parce que ce billet a été perdu ou volé depuis moins de trois ans? Enfin nous savons qu'aux termes de l'article 2280, le propriétaire qui revendique un titre au porteur est obligé de rembourser le prix qu'il a coûté lorsqu'il a été acheté dans un marché public ou d'un marchand vendant des choses pareilles. Où donc est le marché des billets de banque? où donc est le marchand vendant des choses semblables? En admettant qu'on pût considérer les changeurs comme tels, qui ne voit que l'exigence du remboursement rendrait la revendication illusoire?

A côté de la question de revendication se place celle de savoir si une action peut être intentée par le propriétaire dépossédé contre la Banque, pour être payé du montant des billets. L'affirmative a été décidée par arrêt de la Cour d'Alger du 4 mars 1865 (Sirey, 1865, II, p. 155, et D. P., 1866, II, p. 148). Mais cet arrêt a été cassé par arrêt de la chambre civile du 8 janvier 1867 (Sirey, 1867, 1, p. 317 et D. P., 1867, I, p. 280).

CHAPITRE VIII.

Billets aux porteurs. — Chèques. — Bons du Mont-de-Piété. — Valeurs étrangères.

Si la loi ne s'applique pas aux billets de banque, s'applique-t-elle aux *billets au porteur* souscrits par des particuliers ? Elle n'en dit rien et ce silence n'a rien qui doive nous surprendre, car nous ne trouvons, dans nos lois, aucune disposition législative concernant ces billets. On a même contesté leur validité. Voici en quels termes M. de Folleville (*op. c.*, p. 338) se prononce sur cette question.

« Pour soutenir la non-validité de ces billets, souscrits par de simples particuliers, certains auteurs ont voulu argumenter des articles 1121 et 1165. Aux termes de ces articles, un engagement n'est valable qu'autant qu'il existe entre personnes déterminées et certaines; or un billet au porteur, a-t-on dit, ne peut pas réunir ces conditions, puisque précisément il est de son essence que le créancier reste toujours, quant à son identité, indéterminé et incertain. — Une telle objection ne saurait être admise; c'est qu'en effet, il n'est pas vrai de dire que le créancier soit une personne absolument incertaine; le créancier est, au contraire, parfaitement certain dès le principe. C'est celui qui possédera le billet et qui le présentera à l'échéance; ce créancier est donc seulement, en fait, inconnu, et même il ne le sera plus, et sera alors bien déterminé, le jour où il exhibera le billet pour en exiger l'exécution. Un tel créancier n'est pas plus incertain que l'endosseur ou le preneur, actuellement inconnu, d'une lettre de change, une fois émise, et dont le tiré ignore l'identité tant qu'il ne se présente pas pour toucher les fonds. Et, en vérité, l'assimilation est exacte de tout point. Est-ce que le contrat ne s'est pas ici formé, comme pour la lettre de change, entre personnes certaines, à savoir le souscripteur du billet au porteur et celui qui recevrait ultérieurement du débiteur ce billet? De plus, il est parfaitement reconnu qu'en droit, un débiteur peut valablement s'engager à payer non seulement à celui au profit de qui il souscrit une obligation, mais aussi aux cessionnaires de ce créancier (article 2112, Code civil), ce qui a lieu précisément pour les lettres de change et les billets à ordre. Or, si cette clause est valable quand elle est écrite expressément, comment ne le serait-elle plus si elle n'était que tacite? Est-ce qu'en général l'on ne peut pas faire indirectement ce que la loi permet de faire directement? La volonté du débiteur sera-t-elle moins claire dans notre espèce que dans le cas où le le débiteur s'engage formellement envers une personne à payer, soit à elle-même, soit à ceux au profit de qui elle endossera le billet, soit à ceux à qui elle aura remis le billet de la main à la main? D'ailleurs, si toutes ces objections étaient fondées, ce ne serait pas seulement le billet au porteur qu'il faudrait proscrire, mais aussi les actions, les obligations et les rentes au porteur dont le propriétaire est aussi inconnu que celui d'un billet privé au porteur. » Il est d'abord une espèce de billet au porteur qui est certainement valable, c'est le *chèque,* qui a été l'objet d'une loi spéciale, celle des 14-20 juin 1865. On peut se demander si la loi du 15 juin 1872 leur est applicable. Il faut d'abord faire remarquer que tout ce qui concerne l'opposition à négociation ne peut avoir d'effet à leur égard. Quant à l'opposition à paiement, elle sera rare, à cause du bref délai dans lequel les chèques peuvent être touchés, mais enfin le cas peut se présenter. Une personne porteur d'un chèque en est dépossédée. Que doit-elle faire? Elle doit immédiatement former opposition entre les mains du tiré. Mais sera-t-elle obligée d'attendre les délais et d'accomplir les formalités de la loi du 15 juin? Nous ne le croyons pas. En effet, remarquons bien que ces formalités n'ont été établies que pour permettre au véritable propriétaire de se faire connaître. Or, la question de propriété sera presque toujours facile à trancher. En effet, le tireur pourra fournir à cet égard des renseignements précieux. La plupart du temps, la personne dépouillée sera celle à qui il a remis le chèque. S'il en est autrement, la preuve pourra avoir lieu, par tous les moyens possibles, car il faut remarquer qu'ici, celui qui se sera emparé du chèque sera toujours de mauvaise foi, et à supposer qu'il l'ait trouvé, il connaissait du moins le nom du tireur qui devait le lui restituer. Dans ce cas et même lorsqu'il s'agira d'une somme dépassant quinze cents francs, on pourra toujours faire la preuve par témoin, car il y aura un délit à établir.

Les *billets au porteur* autres que les *chèques* sont fort rares, quoiqu'ils aient été selon toute vraisemblance l'origine des titres au porteur. Nous leur appliquerons ce que nous venons de dire relativement aux chèques.

Nous devons mentionner encore une classe de billets au porteur auxquels la jurisprudence a appliqué la loi, ce sont les *bons du Mont-de-Piété.*

C'est ce qui a été décidé par arrêt de la première chambre de la Cour de Paris du 12 août 1876 (*Droit* du 5 octobre 1876), dont voici le texte :

« La Cour, considérant que, pour la désignation du bon au porteur dont il s'agit, le carnet de la femme Ernoux présente des indications qui sont en exacte concordance avec les mentions des registres du Mont-de-Piété, en ce qui concerne soit la date, l'échéance et le montant de la valeur, soit les numéros des journaux de caisse et de contrôle ; que de ces renseignements, qui rentrent dans les termes mêmes de la loi du 15 juin 1872, résulte présomption suffisante que c'est bien la femme Ernoux qui originairement a été bénéficiaire de ce bon au porteur ; — Que la femme Louis, sa légataire universelle, est aujourd'hui recevable et fondée, comme elle l'aurait été elle-même, à faire, conformément à la loi précitée, opposition au paiement entre les mains de l'administration du Mont-de-Piété ; — Que ce droit de former opposition existe, en effet, au profit de tout propriétaire de titres au porteur qui est dépossédé par quelque événement que ce soit ; — Qu'il n'apparaît dans la cause aucun acte régulier et volontaire de dépossession, soit de la part de la femme Ernoux, soit de la part de sa légataire ; — Que si, plus tard, un tiers porteur se présente, c'est contradictoirement avec lui seul que la question de propriété sera débattue et décidée ; — Que le Mont-de-Piété n'a aucun droit et d'autre intérêt que d'exiger que des précautions soient prises pour qu'il ne soit pas exposé à payer deux fois ; — Que les mesures conservatoires prescrites par la loi ont précisément pour objet de garantir également les droits de toutes les parties intéressées, c'est-à-dire de l'opposant, du débiteur et du tiers porteur éventuel ; — Qu'ainsi, d'après l'article 5 de ladite loi, lorsque le capital des titres frappés d'opposition est devenu exigible, comme dans l'espèce, l'opposant ne peut en toucher le montant qu'à charge de cautionnement ou de dépôt à la Caisse des consignations ; — Que la femme Louis n'ayant pu ni demander ni obtenir l'autorisation visée par ledit article 5, la caution fournie par elle ne sera déchargée ou le dépôt ne pourra être par elle retiré que lorsqu'il se sera écoulé dix ans depuis l'exigibilité du bon au porteur. »

La loi s'applique aussi bien aux titres provisoires qu'aux titres définitifs.

C'est ce qui a été décidé dans les termes suivants par un jugement du Tribunal civil de la Seine du 2 janvier 1877. (*Droit* du 4 janvier 1877).

« Attendu que Barat représente les titres provisoires de quatre obligations de la ville de Paris, emprunt de 1869, dont il réclame les intérêts ; qu'il résulte des mentions inscrites sur ces titres qu'ils sont libérés ; que la demande est dès lors justifiée ;

« Attendu que le préfet de la Seine, en sa qualité de représentant de la ville de Paris, soutient, il est vrai, qu'à défaut de justification de la libération des titres, jusqu'au jour où ils ont été représentés, par suite de la restitution qui en a été faite, la ville avait été fondée à se refuser au paiement demandé ; qu'il suit de là que les frais de l'instance doivent rester à la charge du demandeur ;

« Attendu que les dispositions de la loi du 15 juin 1872 s'appliquent d'une manière générale à la perte des titres au porteur ; qu'il n'est établi aucune distinction entre les titres provisoires et les titres définitifs ; qu'il est constant en fait que Barat, pour obtenir le paiement des intérêts des quatre obligations dont s'agit, et, en cas d'exigibilité, de capital desdites obligations, s'était conformé aux prescriptions de cette loi ; qu'il était fondé à se prévaloir des dispositions qu'elle contient au regard de la ville de Paris ; que celle-ci ne pouvait lui opposer le défaut de preuve de la libération des titres perdus pour refuser d'exécuter l'ordonnance rendue par le président du Tribunal civil de Moulins, le 10 décembre 1874 ; que la somme de 300 francs, dont elle demandait le versement par chaque obligation, sauf restitution éventuelle, représentait les trois versements ayant dû être opérés du 1er au 15 novembre 1869, du 1er au 15 mai, et du 1er au 15 novembre 1870 ; que, suivant l'art. 9 du cahier des charges, à défaut de versement, par les souscripteurs, des termes échus dans les délais fixés, l'administration avait le droit de faire vendre à la Bourse de Paris les obligations par eux souscrites;

« Attendu qu'en dehors des justifications faites par Barat pour satisfaire à la demande de la ville de Paris, la date fixée pour le versement des termes de l'emprunt, à défaut de la ville d'avoir usé de la Faculté qui lui était accordée par l'art. 9 du cahier des charges ci-dessus rappelé, impliquait la libération des titres appartenant au demandeur; que c'est sans droit que la ville de Paris s'est refusée au paiement réclamé. »

Mais ici s'élève la question de savoir à qui incombe la preuve de la libération. Le jugement que nous venons de citer avait décidé que la date fixée pour le versement des termes de l'emprunt impliquait libération des titres.

La 1re chambre du Tribunal n'a pas persévéré dans cette jurisprudence et, par un autre jugement du 27 avril 1879, a mis la preuve de la libération à la charge du porteur de titres. Ce jugement est ainsi conçu :

« Attendu que Gallois ne justifie pas de la libération de l'intégrité du prix des obligations dont s'agit, et dont il demande au préfet de la Seine de lui délivrer des titres définitifs; — Attendu que, vainement, il prétend être dans l'impossibilité de le faire, par suite de l'incendie qui, en 1871, a détruit à la fois les titres provisoires et les registres de la ville où, suivant lui, étaient mentionnés les paiements qu'il avait effectués successivement depuis l'émission desdits titres jusqu'au 15 novembre 1870; — Attendu que cette double destruction ne peut avoir d'autres conséquences juridiques que d'autoriser Gallois à prouver sa libération, soit par témoins, soit par présomptions graves, précises et concordantes, suivant les articles 1348 et 1353 du Code civil;

— Attendu que les témoignages invoqués par Gallois n'ont de valeur que comme attestation de la possession qu'il avait, lors de l'incendie de 1871, de sept titres provisoires des obligations de la ville de Paris, émises en 1869 ; qu'on ne saurait en induire la certitude de l'entière libération de ces titres ; que les présomptions déduites à cet égard des acquisitions par lui faites et soldées en 1870, n'ont point eu les caractères exigés par la loi pour être admises et tenir lieu de la preuve littérale qui fait défaut ; — Attendu que, pour y suppléer, Gallois avait conclu subsidiairement à une expertise ayant pour but la recherche de cette preuve dans les débris de ses titres incendiés ; — Attendu que cette expertise, ordonnée par un jugement du 12 juillet 1876, n'a produit aucun résultat en ce qui touche les obligations dont il s'agit ; que, du rappport de l'expert, il ressort qu'il n'a été trouvé, dans les débris soumis à son examen, aucune trace appréciable de ces obligations ; — Attendu, toutefois, qu'il est établi par d'autres documents, aussi au procès, que Gallois était effectivement possesseur, en 1871, de sept obligations de la ville de Paris, emprunt de 1869, dont trois étaient libérées de 45 francs et 4 de 145 francs ; qu'il restait ainsi débiteur de 300 francs sur le prix de chacune des trois premières et de 200 francs sur le prix de chacune des quatre autres, soit une somme principale de 1,700 francs au total ; qu'en conséquence, et faute par lui de justifier de l'acquit de cette dette, il doit en effectuer le paiement pour être en droit d'obtenir du préfet, ès nom, la remise des titres définitifs qu'il réclame.

« Par ces motifs ;

« Déclare Gallois mal fondé en sa demande, l'en déboute et le condamne aux dépens.

Sur l'appel interjeté par M. Gallois, ce jugement a été confirmé par adoption de motifs par un arrêt de la 1re chambre de la Cour d'appel de Paris du 26 novembre 1880.

La 1re Chambre du Tribunal civil de la Seine a persisté dans cette dernière jurisprudence, ainsi qu'il résulte d'un jugement de cette Chambre du 24 mars 1881 (*Droit* du 2 avril 1881) ainsi conçu :

« Le Tribunal, après en avoir délibéré conformément à la loi ;

« Attendu que Cartelier, se prétendant souscripteur ou acquéreur d'une quantité totale de cinquante-cinq obligations de l'emprunt émis par la ville de Paris, en 1869, et dont il déclare avoir perdu, entre le mois de septembre 1870 et le mois de mai suivant, les récépissés provisoires, réclame néanmoins contre le préfet de la Seine, ès-nom, la remise des titres définitifs afférents auxdites obligations ;

« Attendu qu'il ne rapporte aucune preuve écrite à l'appui de sa réclamation ; que si, à raison des circonstances alléguées, Cartelier est fondé à invoquer le bénéfice de la loi du 15 juin 1872 pour faire valoir ses droits de propriété sur lesdits récépissés, il reste toutefois soumis aux règles du droit commun pour établir sa libération, quant aux versements imposés par la loi d'émission ;

« Attendu que le demandeur prétend : 1° qu'il avait, en septembre 1870, confié à Ponthieu, employé à la préfecture de la Seine, des récépissés provisoires, lesquels portaient, suivant lui, les estampilles indiquant les versements opérés, même par anticipation et pour complète libération ; 2° que Ponthieu avait, par obligeance, reçu ce dépôt pour échanger lesdits récépissés contre des titres définitifs ; 3° que les bureaux de l'Hôtel-de-Ville ayant été incendiés et Ponthieu ayant été fusillé, il n'a pu rentrer en possession desdits récépissés ;

« Mais attendu que si, en sa qualité de simple détenteur, le préfet, ès-nom, n'entend pas contester la propriété du demandeur sur les récépissés dont il s'agit, lesquels ne peuvent, néanmoins, constituer quittance au profit de Cartelier que jusqu'à concurrence de la somme de 45 francs par chacun d'eux, ladite somme représentant celles : 1° de 20 francs versée en souscrivant ; et 2° de 25 francs, versée à la répartition, le défendeur est toutefois en droit d'exiger la preuve régulière et juridique de la libération prétendue par Cartelier ;

« Que celui-ci, qui allègue la force majeure ou le cas fortuit, n'établit pas que les récépissés perdus se soient trouvés réellement dans le bureau incendié ;

« Qu'il ne peut, dès lors, pour justifier de sa libération, recourir à la preuve testimoniale ou invoquer les présomptions admises par la loi ; que, d'ailleurs, il n'excipe de la présence d'aucun témoin à la remise des récépissés entre les mains de Ponthieu ;

« Qu'il ne résulte non plus aucune vraisemblance, à cet égard, des mentions portées au carnet par lui produit, comme attestant ses ressources pécuniaires et l'emploi qu'il en aurait pu faire, relativement à la souscription ou à l'acquisition desdites obligations ;

« Que Cartelier n'est pas davantage fondé à soutenir que la preuve de sa libération résulterait de ce que le préfet de la Seine n'aurait point, comme il y était autorisé par le cahier des charges, en cas de retard ou de non-paiement des versements fixés, fait procéder à la vente en Bourse, en 1869 ou 1870, des obligations dont il s'agit ;

« Qu'en effet, non seulement cette absence d'exécution, qui constituerait un terme de grâce serait, dans les circonstances ordinaires, insuffisante pour faire preuve de la libération du souscripteur, mais que, dans l'espèce, cette considération manque, même en fait ;

« Qu'il est, en effet, établi qu'à raison des événements de cette époque, il n'a été fait aucune exécution de ce genre dans les années 1869, 1870 et 1871 ;

« Qu'il y a même été sursis à l'égard de tout souscripteur jusqu'à l'année 1874, où une loi spéciale aurait accordé au préfet de la Seine la faculté de recourir à cette mesure, reconnue nécessaire :

« Attendu que les obligations réclamées par Cartelier étaient alors par lui frappées d'opposition aux mains du receveur municipal de la ville de Paris, et sont restées en cet état, jusqu'à ce jour;

« Que l'ordonnance du président du tribunal civil de la Seine du 6 décembre 1877, rendue en la forme gracieuse, et dans les termes de la loi de 1872, n'a point créé, au profit du demandeur, un droit définitif; qu'elle reste subordonnée, quant au fond, à l'appréciation des tribunaux ordinaires;

« Attendu qu'il résulte de ce qui précède que Cartelier ne fait pas, quant à présent, la preuve qu'il ait libéré de plus de 45 fr. chacune des obligations par lui réclamées; qu'il n'est point, en conséquence, fondé aujourd'hui à faire déclarer le préfet, ès-nom, débiteur à son égard, même sous les réserves habituelles en cas de perte du titre, des titres définitifs, afférents auxdites obligations, ni à le faire condamner, en cas de refus, au paiement de leur valeur;

Par ces motifs,

« Déclare Cartelier actuellement mal fondé dans sa demande contre le préfet de la Seine, ès-nom, l'en déboute et le condamne en tous les dépens. »

Il est nécessaire, pour que la loi puisse s'appliquer, qu'il s'agisse de titres véritables et non de titres falsifiés. C'est ce qui a été décidé dans les circonstances suivantes par jugement du Tribunal de commerce de la Seine du 16 mars 1881 (*Droit* du 1er avril 1881). M. Liévin agent de change, avait été chargé, le 8 février 1881, par le Comptoir de la Bourse Parisienne, de vendre 8 obligations de la Compagnie Algérienne. Ces obligations étaient fausses. M. Liévin fit assigner le Comptoir de la Bourse Parisienne en remise de 8 obligations régulières ou en paiement de 4,000 francs pour leur valeur. Le Comptoir de la Bourse Parisienne répondit que M. Liévin avait perdu tout recours contre elle parce qu'il n'avait pas rempli les formalités prescrites par la loi du 15 juin 1872. Le Tribunal a statué en ces termes :

« Attendu que si, pour se refuser à fournir de nouveaux titres, la Société du Comptoir de la Bourse Parisienne allègue que Liévin serait sans droit contre elle comme n'ayant pas rempli les formalités exigées par la loi du 15 juin 1872, il est constant que les prescriptions de cette loi sont relatives aux titres au porteur qui auraient été détournés et ne concernent en rien les titres faux ; que ce moyen doit donc être écarté. »

La loi ne parle pas des valeurs étrangères. Le projet primitif ne s'y appliquait pas, ainsi qu'il résulte de l'article 1er :

« L'action en paiement des intérêts et dividendes afférents aux titres au porteur émis par des sociétés ou autres établissements *ayant leur siège principal en France*, se prescrit par trois ans. »

Cet article fut rejeté par la commission qui ne voulut pas admettre le principe de la prescription ; mais elle n'eut pas le soin d'indiquer si la loi s'appliquerait ou non à des établissements ayant leur siège principal à l'étranger, et le rapport de M. Grivart est complètement muet sur ce point.

Nous croyons qu'il ne faut tirer aucun argument de ce silence et qu'on doit résoudre la question par les principes généraux. Nous ne voyons d'abord rien qui s'oppose à la validité de l'opposition à négociation, car la loi ne fait aucune distinction entre les titres français et étrangers. Mais il n'en est pas de même de l'opposition à paiement. Il est d'abord évident que la loi ne peut s'appliquer aux établissements qui n'ont aucune succursale ou bureau en France. Mais si nous supposons une compagnie ayant son siège principal à l'étranger et une succursale en France, que devra-t-on décider? On pourrait soutenir que, du moment que la Compagnie a un établissement en France, elle a accepté la juridiction française. Nous ne croyons pas que ce point de vue soit exact, et nous pensons qu'on doit plutôt conclure, d'après l'esprit général de la loi, qu'elle ne doit pas s'appliquer aux valeurs étrangères. Si, en effet, on peut, en France, contraindre un établissement à payer, au bout d'un certain temps et moyennant certaines sûretés, à celui qui se prétend propriétaire du titre, c'est qu'on peut garantir à l'établissement débiteur que, moyennant ce paiement, il sera libéré. Le pourra-t-on si l'établissement a son siège principal à l'étranger? Évidemment non, car si un tiers se présente pour toucher les intérêts ou dividendes, comment le repoussera-t-il? Seulement on pourra ordonner toutes les mesures qui pourront venir en aide au propriétaire dépossédé sans nuire au débiteur.

C'est ce qui a été décidé par le jugement du Tribunal civil de la Seine du 27 janvier 1875, dont nous avons déjà reproduit plus haut (p. 23) quelques motifs, et qui statue ainsi à l'égard des valeurs étrangères :

« En ce qui touche la compagnie autrichienne des chemins de fer de l'État;

« Attendu que la loi du 15 juin 1872 a pour effet de régler la police du marché et la circulation, en France, des titres au porteur ; — qu'à ce point de vue, elle est applicable à tous titres ayant acquis, par l'admission à la cote, le droit d'être négociés en France ;

« Attendu que si ce principe est absolu dans son application juridique entre Français, et aux obligations des agents de change, il doit fléchir lorsqu'il aurait pour conséquence de porter atteinte aux droits des compagnies étrangères, sans leur offrir en même temps une protection efficace ;

« Attendu que le siège social de la Compagnie autrichienne des chemins de fer de l'Etat est établi à Vienne, aux termes de l'article 4 des statuts ; que cette société est régie par les lois en vigueur en Autriche ; — que, dans la législation autrichienne, les recours en cas de perte de titres sont réglés par des dispositions spéciales ne concordant pas avec les prescriptions de la loi française, qu'en fait, la Compagnie autrichienne des chemins de fer de l'Etat démontre qu'elle ne pourrait se soumettre à la procédure instituée par les articles 3, 4, 5, 6, 7, 8 et 9 de la loi du 15 juin 1872, sans être exposée à payer deux fois les intérêts échus; que dès lors elle n'est pas obligée de fournir le certificat de non-contradiction ;

« En ce qui touche les oppositions au paiement des coupons;

« Attendu que ces oppositions, par leur nature, ne compromettent nullement les droits de la société autrichienne, et qu'elles constituent une simple mesure de précaution destinée à garantir le payement, en France, des intérêts échus à celui qui sera reconnu propriétaire par la juridiction compétente; qu'en fait, la Compagnie autrichienne, et la société du Crédit mobilier, chargée des paiements, ont obéi aux oppositions, retenu les coupons présentés et fourni à la veuve Mareschal le nom des porteurs;

« Attendu que la demanderesse n'a mis en cause aucun tiers porteur se prétendant propriétaire des titres revendiqués, à l'exception de l'action détenue par Kann, ainsi qu'il sera dit plus bas; qu'en l'état la Compagnie autrichienne n'étant qu'une sorte de séquestre légal, n'a pas qualité pour contredire efficacement à la demande;

« Qu'en conséquence il n'y a pas lieu d'apprécier, quant à présent, la propriété du titre et des coupons. »

Mais, sauf de rares exceptions, il sera bien difficile d'opposer la loi du 15 juin 1872 aux valeurs émises à l'étranger, surtout en ce qui concerne l'objet capital de la loi, c'est-à-dire le paiement des intérêts et dividendes et le remboursement du capital; car la loi française, s'arrêtant à la frontière, ne peut avoir de sanction à l'étranger (1). Toutefois, il faut bien se garder de négliger les mesures conservatoires qu'auto-

(1) Nous avons vu plus haut (p. 80) qu'un jugement rendu par la 1re Chambre du Tribunal civil de la Seine a appliqué ces principes et déclaré que la loi ne s'appliquait pas aux valeurs étrangères. Mais nous avons vu que cette même décision assimile complètement les marchés étrangers aux marchés français.

rise, dans tous les cas, la loi du 15 juin 1872, c'est-à-dire l'opposition à négociation au syndicat des agents de change, ainsi que l'opposition au paiement, à la succursale ou Comité, en France, s'il en existe, de la Compagnie ou Société émissionnaire des Titres.

C'est l'opinion de M. Buchère (1), qui s'exprime ainsi :

« En résumé, les principes qui régissent les valeurs étrangères s'opposent à ce que la loi du 15 juin 1872 soit déclarée applicable à ces valeurs, soit qu'il s'agisse de Titres émanés des Gouvernements étrangers, ou d'actions ou obligations émises sous la forme de titres au porteur par des Sociétés n'ayant pas en France leur principal établissement. Cependant, les possesseurs de ces valeurs qui seraient dépossédés de leurs titres ne doivent pas hésiter à signifier, sans retard, une opposition entre les mains des représentants, en France, des Sociétés étrangères qui les ont émises, et au syndicat des agents de change de Paris, avec réquisition de faire publier les numéros de ces titres au *Bulletin officiel* des oppositions. Ces mesures pourront, il est vrai, dans certains cas, rester inefficaces et ne point permettre aux propriétaires dépossédés de recouvrer la jouissance et la possession de ces valeurs ; mais nous n'hésitons pas à penser que les

(1) *Traité des valeurs mobilières*, 2e édition. Page 506.

Compagnies étrangères qui auraient reçu ces oppositions s'empresseraient de signaler les demandes en paiement qui leur seraient faites au mépris des droits des opposants, et les anciens possesseurs seront ainsi mis sur la trace des nouveaux détenteurs. L'insertion des oppositions au *Bulletin officiel* empêchera la négociation en France des titres perdus ou volés, et pourra permettre, dans certains cas, d'agir contre les détenteurs par voie de revendication. Nous conseillons donc l'emploi de ces mesures comme utiles aux intérêts des propriétaires dépossédés, tout en déclarant que les formalités prescrites par la loi de 1872 seront souvent inefficaces pour leur permettre de toucher les intérêts ou dividendes échus, ou d'obtenir des duplicata des titres perdus, qui seraient refusés à bon droit par les Sociétés étrangères. »

En somme, les porteurs de titres étrangers sont dans une situation précaire. Ils sont exposés ou à se heurter à une législation peu favorable à leurs intérêts ou à s'abandonner à la bonne ou mauvaise foi et au caprice de leurs débiteurs étrangers. Cette situation doit, à tous égards, rendre circonspects tous ceux qui méditent de posséder des valeurs créées en un pays qui ne possède pas une législation ayant quelque analogie avec notre loi du 15 juin 1872, ou émises en France par un gouvernement étranger qui n'accepterait pas les dispositions protectrices de cette loi.

Ajoutons que quatre pays seulement, en dehors de la France, possèdent des législations spéciales et peuvent entourer de quelques garanties la possession des titres au porteur (1). Ce sont la Hollande, l'Autriche, l'Allemagne et la Belgique. Mais ces législations présentent cette particularité que, contrairement à l'économie de notre loi du 15 juin 1872, elles ne s'appliquent qu'aux valeurs d'État, laissant ainsi de côté les titres émis par les Compagnies particulières, les chemins de fer, les Sociétés, les municipalités, etc. De plus, elles ne protègent que les cas de *perte* ou de *destruction*, négligeant ainsi toutes les autres circonstances de dépossession accidentelles ainsi que les vols, abus de confiance, etc. On voit combien est précaire, même dans les pays jouissant d'une législation spéciale en cette matière, la possession des titres au porteur.

Nous nous bornons à résumer cette législation :

Pour la Hollande : Les valeurs d'État sont protégées par deux lois des 30 mai 1847 et 2 mai 1851. La première ne pouvait être appliquée qu'au cas de *destruction* des titres. La seconde a pour objet d'étendre les dispositions de la loi aux autres cas de dépossession.

(1) Voir sur ce sujet le travail substantiel de M. Le Gost. *Etude théorique et pratique des titres au porteur* (Pedone-Lauriel), page 244.

Cette législation n'a rien de commun avec celle adoptée en France. Les réclamations sont poursuivies par voie purement administrative et sans intervention aucune des Tribunaux ou du pouvoir judiciaire.

Pour l'Allemagne : Deux lois des 9 novembre 1863 et 12 mai 1873, protègent les porteurs de titres de la Dette de la Confédération de l'Allemagne du Nord, en cas de *perte* ou de *destruction* seulement.

Pour l'Autriche : Une législation protectrice s'applique aussi exclusivement aux valeurs d'État *disparues*. On procède par annulation des titres déclarés disparus, et on en délivre de nouveaux en remplacement.

Pour la Belgique : La Belgique poursuit l'examen de dispositions législatives qui ont beaucoup d'analogie avec notre loi du 15 juin 1872.

En attendant, les valeurs d'État sont seules l'objet d'une législation particulière. Les règles de cette réglementation sont renfermées dans une loi du 18 février 1851 et deux arrêtés royal et ministériel du même jour. Il faut, pour en bénéficier, prouver que les titres ont été détruits entre les mains du réclamant ou de son auteur, et donner, à la satisfaction du Ministre des finances, toutes garanties propres à couvrir les intérêts du Trésor.

Telles sont, dans leur ensemble sommaire et dans

leur économie générale, les diverses questions et solutions que peut présenter l'examen de cette législation particulière renfermée en substance dans la loi du 15 juin 1872. Cette loi a accordé une certaine protection aux propriétaires de valeurs qui, autrefois inconnues, constituent aujourd'hui une portion considérable de la fortune publique. Mais, pour recourir à cette protection, il faut se bien pénétrer des termes de la loi et en remplir fidèlement les prescriptions. Nous nous estimons heureux si ce commentaire peut faciliter cette étude et être de quelque utilité à ceux qui sont dépouillés de leurs titres.

LOI

Qui déclare inaliénables les propriétés publiques ou privées, saisies ou soustraites à Paris depuis le 18 mars 1871

Du 12 mai 1871

(Promulguée au *Journal officiel* le 19 mai 1871)

Bulletin des lois, 52, n° 380.

Art. 1er. Sont déclarés inaliénables, jusqu'à leur retour aux mains du propriétaire, tous biens meubles et immeubles de l'État, du département de la Seine, de la ville de Paris et des communes suburbaines, des établissements publics, des églises, des fabriques, des sociétés civiles, commerciales ou savantes, des corporations, des communautés, des particuliers, qui auraient été soustraits, saisis, mis sous séquestre ou détenus d'une manière quelconque depuis le 18 mars 1871, au nom et par les ordres d'un prétendu comité central, comité de salut public, d'une soi-disant Commune de Paris ou de tout autre pouvoir insurrectionnel, par leurs agents, par toute personne s'autorisant de ces ordres ou par tout individu ayant agi, même sans ordres, à la faveur de la sédition.

Art. 2. Les aliénations frappées de nullité par l'article 1er ne pourront, pour les immeubles, servir de base à la prescription de dix ou vingt ans, et pour les meubles, donner lieu à l'application des art. 2279 et 2280 du Code civil. — Les biens aliénés en violation de la présente loi pourront être revendiqués, sous aucune condition d'indemnité et contre tous détenteurs, pendant trente ans, à partir de la cessation officiellement constatée de l'insurrection de Paris (1).

Art. 3. Tout individu qui, en connaissant leur origine, aura concouru soit au détournement, soit à la vente, à la destruction, au transport à l'intérieur ou en pays étrangers, soit au recel des objets mobiliers de toute nature, à la fonte, à l'altération ou transformation des matières métalliques, soit à la négociation des titres ou valeurs commerciales, comme acheteur, donataire, créancier-gagiste, commissionnaire, ou à tout autre titre, sera puni des peines portées en l'art. 401 du Code pénal, sans préjudice des peines

---

(1) La date de la cessation de l'insurrection de 1871 a été officiellement constatée et fixée au 7 juin, par un avis inséré au *Journal officiel* du 8 juillet; c'est donc à partir du 7 juin qu'a couru la prescription dont parlent les art. 2 et 3.

auxquelles il pourrait être exposé par les circonstances du fait. Les destructions, mutilations et dégradations des biens immeubles seront punies conformément aux dispositions du Code pénal qui les prévoient, sans que, dans aucun cas, les auteurs ou complices des crimes ou déltis puissent se prévaloir de prétendus ordres qu'ils auraient reçus. La prescription de l'action publique sera soumise aux règles de la prescription en matière criminelle ou correctionnelle, suivant qu'il s'agira de crimes ou de délits. — Mais l'action civile ne sera prescrite que par le laps de trente ans depuis la cessation officiellement constatée de l'insurrection, et ce, sans préjudice de toutes interruptions et suspensions de droit.

Art. 4. Restera passible des peines prononcées par les art. 255 et 256 du Code pénal, et suivant les distinctions de ces articles, tout individu qui aura détruit, en tout ou partie, ou détourné les actes de l'état civil, les bulletins du casier judiciaire, les dépôts, minutes et papiers des notaires et autres officiers ministériels, les archives de toute nature et autres dépôts d'intérêt public, ou qui se sera rendu complice de ces faits.

Art. 5. L'art. 463 du Code pénal sera applicable aux crimes et délits prévus par la présente loi.

LOI

RELATIVE AUX TITRES AU PORTEUR

Du 15 juin 1872

(Promulguée au *Journal officiel* du 5 juillet 1872)

Bulletin des lois, 97, n° 1229.

Article 1er. — Le propriétaire de titres au porteur, qui en est dépossédé par quelque événement que ce soit, peut se faire restituer contre cette perte dans la mesure et sous les conditions déterminées dans la présente loi.

Art. 2. — Le propriétaire dépossédé fera notifier par huissier à l'établissement débiteur un acte indi-

Art. 2. — I. L'opposition prescrite par cet article, et celle indiquée en l'art. 11 (entre les mains du Syndicat des agents de change) doivent être régularisées simultanément et, autant que possible, le même jour, car, si l'opposition au Syndicat est formulée avant l'opposition aux mains de la Compagnie ou Société, celle-ci pourrait, par exemple, payer les coupons échus ; si, au contraire, c'est l'opposition à la Compagnie qui a précédé, les agents de change pourraient, dans l'intervalle, négocier régulièrement les titres.

II. On voit, par la simple lecture de l'art. 2, que les prescrip-

quant : le nombre, la valeur nominale, le numéro, et, s'il y a lieu, la série des titres.

tions renfermées dans le premier paragraphe doivent être remplies d'une manière absolue, exacte et complète.

Cette opposition, ainsi que celle à faire au Syndicat des agents de change, doit être régularisée avec le plus grand soin. Ces deux actes sont le point de départ de la procédure de revendication des titres ; et le tiers porteur, ainsi que l'exprime l'art. 12 ci-après, peut contester l'opposition faite irrégulièrement.

Il faut s'attacher à fournir en ce qui concerne la *nature* des titres des indications bien précises, car, dans la pratique, certaines oppositions ne peuvent produire effet, ou se trouvent écartées ou retardées, au grand préjudice de l'opposant.

III. Quant aux autres énonciations demandées par cet article, l'exploit les contiendra *autant que possible*. Il est, en effet, une foule de circonstances qui ne peuvent permettre de fournir complètement ces énonciations.

Voir cette formule d'opposition, Fin du volume. Formule 1re.

Ne point oublier dans cet acte l'élection de domicile indiquée.

IV. S'il y a lieu de donner mainlevée de cette opposition, soit que les titres momentanément égarés aient été retrouvés, soit pour tout autre motif, la Compagnie ou Société entre les mains de laquelle l'opposition aura été formée indiquera sous quelle forme cette mainlevée pourra être donnée.

En ce qui concerne l'une de nos grandes Compagnies de chemins de fer, les mainlevées partielles ou définitives doivent être données sous une des formes ci-après, qui sont celles à peu près généralement consacrées par l'usage :

Pour les *mainlevées entières et définitives* :

« 1° Par la remise de l'original de l'opposition revêtu d'une « déclaration de mainlevée par l'opposant. La signature de « celui-ci devra être légalisée par le juge de paix, le président « du Tribunal civil, ou le préfet de son domicile. Elle pourra « également être certifiée par l'huissier qui a dénoncé l'oppo-

Il devra aussi, autant que possible, énoncer :

1° L'époque et le lieu où il est devenu propriétaire, ainsi que le mode de son acquisition ;

2° L'époque et le lieu où il a reçu les derniers intérêts ou dividendes ;

3° Les circonstances qui ont accompagné sa dépossession. Ce même acte contiendra une élection de

« sition, ou par le maire du domicile de l'opposant, avec légalisation administrative de la signature du maire.

« 2° Par exploit de l'huissier qui a dénoncé l'opposition, à la condition que la copie de l'exploit soit signée par l'opposant, et que l'original de l'opposition soit remis à la Compagnie.

« 3° Enfin, par un acte notarié, qui peut être en brevet.

« La mainlevée notariée est seule admise lorsqu'il ne peut être fait remise à la Compagnie de l'original de l'opposition. »

Pour les *mainlevées partielles* :

« 1° Suivant le mode indiqué sous le n° 2 ci-dessus ;

« 2° Par acte sous seing privé, sur timbre à 60 centimes, avec légalisation de la signature dans les conditions indiquées ci-dessus.

« Dans l'un et l'autre cas, il n'y a pas lieu à remise de l'original d'opposition ; *mais cet original doit être représenté à la Compagnie*, qui y mentionne la mainlevée. »

S'agit-il de rectifier une opposition contenant des *numéros erronés* ?

« Il y a lieu dans ce cas de faire à la Compagnie une nouvelle signification par le ministère de l'huissier qui a dénoncé l'opposition. Cette signification contiendra mainlevée définitive sur les titres erronés et opposition nouvelle sur ceux qui doivent les remplacer. La copie de l'exploit devra être signée par l'opposant, comme valant mainlevée sur certains titres.

domicile dans la commune du siège de l'établissement débiteur.

Cette notification emportera opposition au paiement tant du capital que des intérêts ou dividendes échus ou à échoir.

Art. 3. — Lorsqu'il se sera écoulé une année de-

« On peut également donner une mainlevée partielle ou définitive en se conformant à ce qui est dit ci-dessus, et former une nouvelle opposition. »

Art. 3. — I. *Contredite.* L'opposition est contredite lorsqu'une autre opposition a été formée ou qu'une revendication s'est produite sur les mêmes titres, ou même que des coupons de ces titres ont été présentés par une autre personne.

II. Quand l'opposition n'a pas été contredite, il faut, pour présenter utilement requête au président, la réunion de ces deux conditions :

1° Une année écoulée depuis l'opposition ;

2° La mise en distribution de deux termes au moins d'intérêts ou dividendes.

Si ces intérêts ou dividendes se payaient par trimestre ou par mois, il n'en faudrait pas moins attendre l'année ; mais si ces intérêts ne se payaient que chaque année, il faudrait, pour que le vœu de la loi fût rempli, attendre deux années avant de pouvoir obtenir une ordonnance du président, car c'est avec intention que la loi emploie l'expression *termes* et non, par exemple, *trimestres* ou *semestres.*

Si, pendant le cours d'une ou de deux années, la compagnie ou Société ne payait point de dividendes ou intérêts, l'autorisation ne saurait être donnée. Il faudrait nécessairement attendre que la Compagnie eût repris ses paiements et qu'elle eût mis en distribution deux termes au moins de ses intérêts ou dividendes.

puis l'opposition sans qu'elle ait été contredite, et que, dans cet intervalle, deux termes au moins d'intérêts ou de dividendes auront été mis en distribution, l'opposant pourra se pourvoir auprès du président du Tribunal civil du lieu de son domicile, afin d'obtenir l'autorisation de toucher les intérêts ou dividendes échus ou à échoir au fur et à mesure de leur exigibilité, et même le capital des titres frappés d'opposition, dans le cas où ledit capital serait ou deviendrait exigible.

III. On comprend aisément les raisons qui ont déterminé le législateur à imposer à l'opposant l'obligation de s'adresser au président du tribunal dont il est justiciable. Le fait de former une opposition ne peut à lui seul constituer une preuve de propriété. Il y a seulement, quand il s'est écoulé une année entière sans que l'opposition ait été contredite, une présomption en faveur du réclamant. Le président du tribunal du domicile de l'opposant se trouve mieux en situation d'apprécier la sincérité de sa réclamation. « Il peut mieux se rendre compte des circonstances alléguées et provoquer, s'il est nécessaire, les explications personnelles de l'opposant. Il s'enquiert de sa moralité, et on comprend que les renseignements qu'il peut prendre sur le caractère, la position sociale et les antécédents de son justiciable, exercent une grande influence sur sa décision. » (Rapport de M. Grivart).

On verra d'ailleurs par l'art. 7 ci-après qu'en cas de refus de l'autorisation par le président, l'opposant peut se pourvoir devant le tribunal.

Voir formule de Requête au Président. Fin du volume. Formule IV.

Cette requête doit être présentée par ministère d'avoué. La

Art. 4. — Si le président accorde l'autorisation, l'opposant devra, pour toucher les intérêts ou dividendes, fournir une caution solvable dont l'engagement s'étendra au montant des annuités exigibles; et, de plus, à une valeur double de la dernière annuité échue.

Après deux ans écoulés depuis l'autorisation, sans

loi est, il est vrai, muette à cet égard. Mais il ne saurait s'élever aucun doute sur ce point. C'est d'ailleurs l'avis de M. Buchère dans son traité des *Valeurs mobilières*. (2e édition, Marescq aîné, éditeur, page 518).

Art. 4. — I. On peut, si l'on ne veut point laisser l'ordonnance entre les mains de la Compagnie, lui en signifier copie, ainsi que de la requête, par exploit d'huissier.

II. *Etendue de la caution*. Supposons qu'il ait été perdu 3 obligations de la Ville de Paris, emprunt 1871, 3 0/0,

On attendra, pour présenter requête, que deux coupons soient échus.

On aura donc à recevoir, pour la première année, 2 coupons par chaque obligation, soit, pour 3 obligations : 3×2=6 coupons, à 6 francs l'un (impôt non déduit), = 36 francs,

La caution à fournir devra représenter :

1° Montant d'une annuité.	36 fr.
2° Valeur double de la dernière annuité. .	72
Total. . .	108 fr.

soit en argent, soit en titres de rente sur l'Etat, soit en autres valeurs.

III. La caution fournie en argent produit intérêt à 3 0/0.

S'il est remis comme caution des titres de rente ou autres valeurs, les coupons de ces valeurs en sont détachés et payés au fur et à mesure de leur exigibilité.

que l'opposition ait été contredite, la caution sera de plein droit déchargée.

Si l'opposant ne veut ou ne peut fournir la caution requise, il pourra, sur le vu de l'autorisation, exiger de la Compagnie le dépôt de la Caisse des dépôts et consignations des intérêts ou dividendes échus et de ceux à échoir, au fur et à mesure de leur exigibilité. Après deux ans écoulés depuis l'autorisation sans que l'opposition ait été contredite, l'opposant pourra retirer de la Caisse des dépôts et consignations les sommes ainsi déposées et percevoir librement les intérêts et dividendes à échoir, au fur et à mesure de leur exigibilité.

Art. 5. — Si le capital des titres frappés d'opposition est devenu exigible, l'opposant qui aura obtenu l'autorisation ci-dessus pourra en toucher le montant, à charge de fournir caution. Il pourra, s'il le préfère, exiger de la Compagnie que le montant dudit capital soit déposé à la Caisse des dépôts et consignations.

Lorsqu'il se sera écoulé dix ans depuis l'époque de l'exigibilité et cinq ans au moins à partir de l'autorisation sans que l'opposition ait été contredite, la caution sera déchargée, et, s'il y a eu dépôt, l'op-

Art. 5. — La caution à offrir dans le cas de l'art. 5 n'a pas besoin de dépasser l'importance de la somme déboursée par la Compagnie.

posant pourra retirer de la Caisse des dépôts et consignations les sommes en faisant l'objet.

Art. 6. — La solvabilité de la caution à fournir, en vertu des dispositions des articles précédents, sera appréciée comme en matière commerciale. S'il s'élève des difficultés, il sera statué en référé par le président du tribunal du domicile de l'établissement débiteur.

Il sera loisible à l'opposant de fournir un nantissement aux lieu et place d'une caution. Ce nantissement pourra être constitué en titres de rentes sur l'État. Il

Art. 6. — Caution. I. Cette caution ne reposera point sur des propriétés foncières (art. 2019 du Code civil). Il suffira, comme en matière commerciale, que la personne présentée comme caution soit considérée comme notoirement solvable.

Si la Compagnie refusait d'admettre la caution présentée, l'opposant assignerait immédiatement devant le président de Tribunal civil du siège de la Compagnie, lequel statuerait en état de référé.

II. La loi permet de fournir aux lieu et place de la caution un nantissement en argent ou en titres.

C'est même à ce dernier parti qu'on devra de préférence s'arrêter dans la pratique, car il sera toujours difficile de présenter une caution, dont la responsabilité doit durer deux années, s'il s'agit seulement des intérêts ou dividendes, et dix années, s'il s'agit du capital.

III. Le nantissement peut être constitué en titres ou valeurs d'une autre nature que les rentes sur l'Etat.

Les Sociétés, Villes ou Compagnies acceptent comme nantissement des titres de leurs émissions.

sera restitué à l'expiration des délais fixés pour la libération de la caution.

Art. 7. — En cas de refus de l'autorisation dont il est parlé en l'article 3, l'opposant pourra saisir, par voie de requête, le tribunal civil de son domicile, lequel statuera après avoir entendu le ministère public. Le jugement obtenu dudit tribunal produira les effets attachés à l'ordonnance d'autorisation.

Art. 8. — Quand il s'agira de coupons au porteur détachés du titre, si l'opposition n'a pas été contredite, l'opposant pourra, après trois années à compter de l'échéance et de l'opposition, réclamer le montant

Art. 7. — Le jugement prévu par l'art. 7 est-il susceptible d'appel? Voir nos commentaires, page 28.

Art. 8. — *Coupons.* I. On voit donc que, lorsqu'il s'agit de coupons seulement, détachés du titre, l'opposant n'a point à se pourvoir de l'autorisation du président du Tribunal civil, et n'est tenu à fournir aucune caution ou nantissement.

Il n'a qu'à attendre trois années à partir de son opposition. Et après ce temps, si son opposition n'a pas été contredite, il peut toucher les coupons en question.

C'est là une exception toute particulière en faveur des coupons

II. Cependant, si les coupons perdus ou volés représentaient une somme relativement importante et que l'opposant veuille avancer le terme de la loi, rien ne paraît s'opposer à ce qu'il se pourvoie, conformément à l'art. 3, auprès du Président du Tribunal de son domicile, pour toucher ces coupons, une année après l'opposition, en fournissant la caution prévue par l'art. 4.

desdits coupons de l'établissement débiteur, sans être tenu de se pourvoir d'autorisation.

Art. 9. — Les paiements faits à l'opposant, suivant les règles ci-dessus posées, libèrent l'établissement débiteur envers tout tiers porteur qui se présenterait ultérieurement. Le tiers porteur au préjudice duquel lesdits paiements auraient été faits conserve seulement une action personnelle contre l'opposant qui aurait formé son opposition sans cause.

Art. 10. — Si, avant que la libération de l'établissement débiteur soit accomplie, il se présente un tiers porteur des titres frappés d'opposition, ledit établissement doit provisoirement retenir ces titres contre un récépissé remis au tiers porteur; il doit, de plus, avertir l'opposant, par lettre chargée, de la présentation du titre en lui faisant connaître le nom et l'adresse du tiers porteur. Les effets de l'opposition restent alors suspendus jusqu'à ce que la justice ait prononcé entre l'opposant et le tiers porteur.

Art. 11. — L'opposant qui voudra prévenir la né-

Art. 9. — Voir nos commentaires, pages 29 et suivantes.

Art. 10. — Il a été jugé, et cela va de soi, que l'établissement débiteur qui paie au mépris d'une opposition régulièrement formée, sans attendre la décision de la justice, engage sa responsabilité et est exposé à payer deux fois.

Art. 11. — I. En dehors des énonciations prescrites par

gociation ou la transmission des titres dont il a été dépossédé devra notifier par exploit d'huissier au Syndicat des agents de change de Paris une opposition renfermant les énonciations prescrites par l'ar-

l'art. 2, l'exploit à signifier *au Syndicat des agents de change, à Paris,* en exécution de l'art. 11, doit mentionner en toutes lettres et en chiffres les numéros des titres dont la publication au *Bulletin* sera requise.

Voir ci-après le Règlement d'administration publique du 10 avril 1873, art. 1er.

II. *On trouvera la formule de l'opposition prescrite par l'art. 11, fin du volume. Formule V.*

Cette formule a été arrêtée d'un commun accord entre le *Syndicat des agents de change* et la *Chambre des huissiers de Paris.*

Elle est imprimée sur timbre par les soins du *Syndicat des agents de change.* On peut s'en procurer au *Secrétariat du Syndicat,* rue Ménars, n° 6, à Paris, de 10 heures à 3 heures, des exemplaires moyennant 5 centimes par feuille en sus du prix du timbre. Elle contient, en marge, des annotations auxquelles il est indispensable, autant que possible, de se conformer. L'inscription des numéros par ordre augmentatif est recommandée tout spécialement. Nous recommandons également de fournir en ce qui concerne la *nature* des titres des indications bien précises, car certaines oppositions sont retardées et même écartées par le *Syndicat,* faute de renseignements complets.

III. Le prix de l'insertion au *Bulletin* est de 50 centimes par numéro et par année (art. 3 du Règlement du 10 avril 1873).

IV. — Si l'on ne consigne, au moment de l'opposition au Syndicat, qu'une année de l'abonnement au *Bulletin,* pour l'insertion des numéros des titres qui font l'objet de l'opposition, l'opposant doit veiller avec le plus grand soin à ce que l'abonnement

ticle 2 de la présente loi; l'exploit contiendra réquisition de faire publier les numéros des titres.

Cette publication sera faite, un jour franc au plus tard, par les soins et sous la responsabilité du Syn-

soit renouvelé avant l'expiration de l'année, car la publication des numéros cesse immédiatement.

Si cette suspension s'effectue, l'insertion ne peut être reprise qu'après une nouvelle opposition, par acte d'huissier.

Cette nouvelle opposition est exigée par le Syndicat des agents de change. Voir à cet égard, nos Commentaires, Page 40.

La moindre lacune dans l'insertion peut avoir, pour l'opposant, les plus fâcheuses conséquences; car, aux termes de l'art. 13 ci-après, il ne peut obtenir un titre en duplicata, qu'en justifiant de l'insertion pendant dix années à partir de l'autorisation du président, laquelle ne peut être sollicitée qu'une année après l'opposition à l'établissement débiteur, ce qui équivaut à dire que l'insertion doit être faite au *Bulletin* durant onze années au minimum.

Et il serait à redouter, s'il se produisait une lacune, même de quelques jours, que les Compagnies ou Sociétés ne fissent des difficultés pour la délivrance des titres en duplicata. Durant cet intervalle, en effet, des tiers auraient pu devenir régulièrement possesseurs des titres frappés d'opposition.

V. Nous recommandons, pour éviter toute surprise sur ce point, de consigner, au moment de l'opposition au Syndicat, le montant de l'abonnement pour onze années.

Si l'insertion ne devait pas être maintenue, soit par suite d'une mainlevée ou pour autre cause, le Syndicat rembourserait la différence, moins l'année courante.

VI. Quelques opposants sont dans l'usage de faire en outre insérer leurs oppositions dans un journal d'annonces légales. Cette publicité, usitée dans la pratique en cas de perte de titres nominatifs, n'est point indispensable en ce qui concerne les titres

dicat des agents de change de Paris, dans un bulletin quotidien, établi et publié dans les formes et sous les conditions déterminées par un règlement d'administration publique. Le même règlement fixera le coût de la rétribution annuelle due par l'opposant pour frais de publicité. Cette rétribution annuelle sera payée d'avance à la caisse du syndicat, faute de quoi la dénonciation de l'opposition ne sera pas reçue ou la publication ne sera pas continuée à l'expiration de l'année pour laquelle la rétribution aura été payée.

Art. 12. — Toute négociation ou transmission postérieure au jour où le *Bulletin* est parvenu ou aurait pu parvenir, par la voie de la poste, dans le lieu où elle a été faite, sera sans effet vis-à-vis de l'opposant, sauf le recours du tiers porteur contre son vendeur et contre l'agent de change par l'intermédiaire duquel la négociation aura eu lieu. Le tiers porteur pourra également, au cas prévu par le précédent article, contester l'opposition faite irrégulièrement ou sans droit.

Sauf le cas où la mauvaise foi serait démontrée,

au porteur. Mais on a quelquefois raison d'y avoir recours, surtout dans le cas d'une perte accidentelle. Cette insertion peut faciliter la recherche des titres égarés.

VII. Pour les mainlevées entières ou partielles, voir l'art. 6 du Règlement d'administration, et les notes qui l'accompagnent.

Art. 12. — Voir nos Commentaires, page 48.

les agents de change ne seront pas responsables des négociations faites par leur entremise qu'autant que les oppositions leur auront été signifiées personnellement ou qu'elles auront été publiées dans le *Bulletin* par les soins du Syndicat.

Art. 13. — Les agents de change doivent inscrire sur leurs livres les numéros des titres qu'ils achètent ou qu'ils vendent.

Ils mentionnent sur les bordereaux d'achat les numéros livrés. Un règlement d'administration publique déterminera le taux de la rémunération qui sera allouée à l'agent de change pour cette inscription des numéros.

Art. 14. — A l'égard des négociations ou transmissions de titres antérieures à la publication de l'opposition, il n'est pas dérogé aux dispositions des art. 2279 et 2280 du Code civil.

Art. 15. — Lorsqu'il se sera écoulé dix ans depuis l'autorisation obtenue par l'opposant, conformément à l'article 3, et que, pendant le même laps de temps,

Art. 13. — Voir ci-après l'art. 11 du Règlement d'administration publique.

Art. 14. — Voir nos Commentaires, page 68.

Art. 15. — I. *Dix ans.* « Ce temps d'épreuve nécessaire a pour point de départ l'autorisation obtenue du président du Tribunal civil, conformément à l'art. 3, et la loi exige que, penl'opposition aura été publiée sans que personne se soit présenté pour recevoir les intérêts ou dividendes, l'opposant pourra exiger de l'établissement débiteur qu'il lui soit remis un titre semblable et subrogé au premier. Ce titre devra porter le même numéro que le titre originaire, avec la mention qu'il est délivré par duplicata.

Le titre délivré en duplicata conférera les mêmes droits que le titre primitif et sera négociable dans les mêmes conditions.

Le temps pendant lequel l'établissement n'aurait pas mis en distribution de dividendes ou d'intérêts ne sera pas compté dans le délai ci-dessus.

Dans le cas du présent article, le titre primitif sera frappé de déchéance, et le tiers porteur qui le représentera après la remise du nouveau titre à l'opposant n'aura qu'une action personnelle contre celui-ci au cas où l'opposition aurait été faite sans droit.

L'opposant qui réclamera de l'établissement un duplicata paiera les frais qu'il occasionnera. Il devra, de plus, garantir, par un dépôt ou par une caution, que le numéro du titre frappé de déchéance

dant *toute sa durée*, l'opposition reçoive la publicité du *Bulletin*. » (Rapport de M. Grivart).

Nous rappelons à cet égard les observations qui accompagnent plus haut le texte de l'art. II (§ IV) et nos Commentaires, page 88.

sera publié pendant dix ans, avec une mention spéciale, au Bulletin quotidien.

Art. 16. — Les dispositions de la présente loi sont applicables aux titres au porteur émis par les départements, les communes et les établissements publics, mais elles ne sont pas applicables aux billets de la Banque de France, ni aux billets de même nature émis par des établissements légalement autorisés, ni aux rentes et autres titres au porteur émis par l'État (1), lesquels continueront à être régis par les lois, décrets et règlements en vigueur.

Toutefois, les cautionnements exigés par l'administration des finances pour la délivrance des duplicata des titres perdus, volés ou détruits, seront restitués si, dans les vingt ans qui auront suivi, il n'a été formé aucune demande de la part des tiers porteurs, soit pour les arrérages, soit pour le capital. Le Trésor sera définitivement libéré envers le porteur des titres primitifs, sauf l'action personnelle de celui-ci contre la personne qui aura obtenu le duplicata.

Art. 16. — Voir nos Commentaires, page 95, et notre chapitre sur le *Régime des rentes sur l'État, inf.*

Le Bulletin officiel des oppositions n'inscrit pas, par suite, les n^{os} des titres de rente sur l'Etat français au porteur, perdus, etc., mais il insère les n^{os} des valeurs ou titres d'Etat étrangers.

---

(1) Tels que *Bons du Trésor*, *Obligations du Trésor*, *Bons de liquidation*.

DÉCRET

Réglant l'exécution des articles 11 et 13
de la loi du 15 juin 1872
relative aux Titres au Porteur,

Du 10 avril 1873

(Promulguée au *Journal officiel* du 11 avril 1873).

Le Président de la République française,

Sur le rapport du garde des sceaux, ministre de la justice,

Vu les articles 11 et 13 de la loi du 15 juin 1872, ainsi conçus :

« Art. 11. — L'opposant qui voudra prévenir la négociation ou transmission des titres dont il a été dépossédé devra notifier, par exploit d'huissier, au Syndicat des agents de change de Paris, une opposition renfermant les énonciations prescrites par l'article 2 de la présente loi ; l'exploit contiendra réquisition de faire publier les numéros des titres.

« Cette publication sera faite, un jour franc au plus tard, par les soins et sous la responsabilité du Syndicat des agents de change de Paris, dans un bulletin établi et publié dans les formes et sous les conditions déterminées par un règlement d'administration publique.

« Le même règlement fixera le coût de la rétribution annuelle due par l'opposant pour frais de publicité. Cette rétribution annuelle sera payée d'avance à la caisse du Syndicat, faute de quoi la dénonciation de l'opposition ne sera pas reçue ou la publication ne sera pas continuée à l'expiration de l'année pour laquelle la rétribution aura été payée.

« Art. 13. — Les agents de change doivent inscrire sur leurs livres les numéros des titres qu'ils achètent ou qu'ils vendent.

« Ils mentionnent sur les bordereaux d'achats les numéros livrés. Un règlement d'administration publique déterminera le taux de la rémunération qui sera allouée à l'agent de change pour cette inscription des numéros. »

Le Conseil d'État entendu,

Décrète :

Art. 1er. — L'exploit signifié au Syndicat des agents de change de Paris, en exécution de l'article 11 de la loi du 15 juin 1872, mentionnera en toutes lettres

Art. Ier. — Quelques oppositions ont été formées entre les mains du Syndicat des agents de change, soit antérieurement à la loi du 15 juin 1872, soit postérieurement à cette loi, mais

et en chiffres les numéros des titres dont la publication sera requise.

Art. 2. — Le recueil quotidien que publiera la Compagnie des agents de change de Paris, conformément au même article de la loi, portera pour titre : *Bulletin officiel des oppositions sur les titres au porteur, publié par le Syndicat des agents de change de Paris.*

Art. 3. — Le prix de l'insertion sera de cinquante centimes par numéro de valeur et par an.

En cas de mainlevée de l'opposition avant l'échéance de l'année, le prix payé restera acquis au Syndicat.

Art. 4. — Le *Bulletin* publiera les oppositions par catégories de valeurs.

Tous les numéros d'une même valeur seront inscrits à la suite les uns des autres, par ordre augmentif et en chiffres.

Art. 5. — Il ne pourra être inséré dans le *Bulletin* ni annonce, ni réclame, ni article quelconque.

antérieurement au règlement d'administration publique du 10 avril 1873.

Ces oppositions irrégulières et sans effet ont dû ou doivent être renouvelées dans la forme établie par l'art. 11 de la loi du 15 juin 1872, complétée par l'art. 1er du règlement.

Art. 2, 3, 4 et 5.......

Art. 6. — Les parties intéressées ne pourront faire cesser la publication des numéros frappés d'opposition qu'en justifiant de la mainlevée de l'opposition dans l'une des trois formes suivantes :

1° Par acte notarié ;

2° Par la remise de l'original de l'opposition ou

Art. 6. — I. La mainlevée entière et définitive vis-à-vis du Syndicat, exigée par le règlement, ne saurait être légalisée ni par un commissaire de police, ni par le maire du domicile, ni même par l'huissier qui a signifié l'opposition.

Nous ne pouvons comprendre les raisons qui ont déterminé le Conseil d'État à ne point admettre la légalisation par l'officier ministériel signataire de l'opposition. Cette légalisation présente toutes les garanties désirables et est, à Paris, constamment admise en matière de mainlevée d'opposition.

Cette réglementation imposée au Syndicat et aux parties par l'art. 6, est souvent fort gênante et présente parfois de réelles difficultés.

Toutes les oppositions au *Syndicat* sont formées par les huissiers de Paris. Les mainlevées ont généralement un caractère d'urgence. Celui qui donne mainlevée et qui habite la province ne connaît point, le plus souvent, d'agent de change à Paris. Il lui faut s'adresser au préfet de son département ou à l'un des magistrats désignés par la loi, ce qui entraîne une grande perte de temps et des retards souvent préjudiciables.

Il faut espérer que ce règlement, qui est perfectible ainsi que l'indique l'art. 12, recevra, sous ce rapport, une modification réclamée par la pratique.

Toutes les grandes compagnies, administrations et sociétés, se contentent, entre autres légalisations, de celle de l'officier ministériel qui a régularisé l'opposition. (*Voir les notes de l'art.* 2 *de la loi,* § IV, page 127.)

de sa notification au Syndicat, avec mention de la mainlevée, ladite mention légalisée soit par un agent de change près la Bourse de Paris, soit par le président du tribunal civil, par le préfet ou le juge de paix du domicile de l'opposant;

3° Par la signification d'une décision judiciaire devenue définitive.

Néanmoins, lorsqu'il s'agira d'une mainlevée partielle, l'opposant pourra arrêter la publication partielle de son opposition par un simple acte extrajudiciaire, mais à la condition de représenter au Syndicat l'original de l'opposition à restreindre ou de sa notification, et d'inscrire sur ledit original, qui continuera de rester en ses mains, mention de la mainlevée partielle par lui consentie.

Art. 7. — Le prix de l'abonnement au *Bulletin* ne

S'il s'agit d'ailleurs d'une mainlevée partielle, le Règlement n'exige que la signature de l'huissier, puisque en ce cas, il suffit d'un simple acte extrajudiciaire sans aucune légalisation, et sans autre garantie que la signature de l'huissier rédacteur de l'acte.

II. Quand il s'agit de mainlevée partielle donnée par acte extrajudiciaire, la partie doit signer l'exploit avec l'huissier.

III. Si l'original, dans ce cas, ne pouvait être représenté, il faudrait nécessairement donner cette mainlevée, même partielle, par acte séparé.

Art. 7.—Abonnements : six mois, 35 fr.; trois mois, 17 fr. 50, Les abonnements partent des 1er et 16 de chaque mois.

pourra pas dépasser 70 fr. par an; le prix du numéro ne pourra pas dépasser 50 centimes.

Ces deux maxima sont fixés pour toute la France continentale, les droits de poste compris. Pour les colonies et l'étranger, les droits de poste seront perçus en sus.

Art. 8. — Le Syndicat sera tenu de donner à tout requérant communication gratuite, sans déplacement, des numéros du *Bulletin* dont le tirage serait épuisé.

Art. 9. — L'opposant et les tiers porteurs successifs du titre frappé d'opposition ou leurs ayants cause pourront obtenir du Syndicat une copie certifiée ou un extrait des actes de l'opposition ou de mainlevée les intéressant, moyennant un droit de un franc en sus du timbre.

Art. 10. — Toute personne pourra obtenir, moyennant un droit de cinquante centimes, l'indication du nom et du domicile de l'opposant, ainsi que de la date de l'opposition.

Art. 11. — Le taux de la rémunération allouée

Le siège du *Syndicat des Agents de change* est à Paris, rue Ménars, n° 6.

C'est là que se trouve l'administration du *Bulletin* et qu'on doit s'adresser pour les insertions, les abonnements et les réclamations.

aux Agents de change pour mentionner sur les bordereaux d'achat les numéros livrés est fixé à cinq centimes par titre.

Art. 12. — Les prix et tarifs fixés par le présent règlement seront revisés, s'il y a lieu, après la première année de leur mise à exécution.

Art. 13. — Le garde des sceaux, ministre de la justice, est chargé de l'exécution du présent décret, qui sera inséré au *Bulletin des lois.*

LOI

Qui rend applicable et exécutoire dans les Colonies françaises la loi du 15 juin 1872 relative aux Titres au Porteur

Du 3 avril 1880.

(Promulguée au *Journal officiel* du 4 avril 1880).

Bulletin des lois, 514, nº 9144.

Article 1er. — La loi du 15 juin 1872, relative aux titres au porteur, est rendue applicable et exécutoire dans les colonies françaises.

Art. 2. — Tout propriétaire dépossédé qui, provisoirement, voudra prévenir, dans une colonie, la négociation ou la transmission des titres perdus ou volés, devra notifier par exploit d'huissier au syndic des agents de change, ou, à son défaut, au syndic des notaires, une opposition renfermant les énonciations prescrites par l'art. 2 de la loi de 1872.

Cet exploit contiendra réquisition de faire publier les numéros des titres. La forme et les conditions de la publication, ainsi que le tarif et le mode de rétribution, seront déterminés par un arrêté du Gouverneur, en conseil privé.

Cette notification produira, dans les colonies, pendant le délai d'une année, les effets de celle prévue par l'art. 11 de la loi de 1872. Elle ne pourra pas être renouvelée.

RÉGIME
DES RENTES SUR L'ÉTAT

RENTES NOMINATIVES
AU PORTEUR ET MIXTES; BONS DU TRÉSOR, ETC.

Les rentes sur l'État sont soumises à une législation et à une réglementation particulières qu'il peut être utile de rappeler sommairement.

Rentes nominatives. — Les premières rentes sur l'État, créées en conséquence de la loi du 13 septembre 1793, ordonnant la création du Grand-Livre de la Dette publique, étaient nominatives, et il pouvait être formé, soit par des tiers, soit par les propriétaires, opposition au remboursement et à l'aliénation de ces rentes et à leur paiement annuel.

Cette faculté fut enlevée aux tiers par l'art. 4 de la loi du 8 nivôse an VI, — 18 décembre 1797, — ainsi conçu : « Il ne sera plus reçu à l'avenir d'opposition « sur le tiers conservé de la Dette publique inscrite « ou à inscrire; » confirmé par l'art. 7 de la loi du 22 floréal an VII, qui ne permet plus dorénavant l'opposition qu'en faveur et à la requête du propriétaire des rentes, et dont voici le texte : « Il ne sera plus reçu à l'avenir d'opposition au paiement des arrérages dus pour rentes perpétuelles..., à l'exception de celle qui serait formée par le propriétaire de l'inscription... » Un avis ultérieur du Conseil d'État, du 11 novembre 1817, interprétant cette loi, décida en outre que, depuis ladite loi, aucune opposition aux mutations et transferts des rentes ne pouvait non plus être reçue, si ce n'est à la requête des propriétaires.

Ces règles régissent encore aujourd'hui la matière. En cas de perte des extraits d'inscription du Grand-Livre (il s'agit toujours d'extraits *nominatifs*, les titres au porteur n'étant point encore créés), aucune réglementation n'avait été édictée, mais le Trésor public consentait à délivrer des duplicata des extraits d'inscription perdus.

Le décret du 3 messidor an XII — 22 juin 1804 — détermina sous quelles formes les propriétaires de ces extraits pouvaient se garantir contre la perte de leurs titres.

En voici les dispositions, qui sont encore appliquées aujourd'hui :

« Article 1er. — A l'avenir il ne sera plus délivré de duplicata des extraits d'inscription au Grand-Livre...

« Art. 2. — Les rentiers qui auraient *perdu* leurs extraits d'inscription en feront la déclaration devant le Maire de la commune de leur domicile (1).

« Cette déclaration, faite en présence de deux témoins qui constateront l'individualité du déclarant, sera assujettie au droit fixe d'enregistrement d'un franc.

« Art. 3. — Ladite déclaration sera rapportée au Trésor public. Après en avoir fait constater la régularité, le Ministre autorisera le Directeur du Grand-Livre à débiter le compte de l'inscription perdue et à la porter à compte nouveau par un transfert de forme : il sera remis au réclamant un extrait original de l'inscription de ce nouveau compte.

« Art. 4. — Le transfert de forme autorisé par l'article précédent aura lieu dans le semestre qui suivra celui pendant lequel la demande d'un nouvel extrait d'inscription aura été adressée au Ministre... »

Perte de Récépissés ou *Bulletins de dépôt d'inscriptions de rente.*—Les justifications à fournir au Trésor en cas de perte du récépissé ou bulletin de dépôt délivré aux parties en représentation des inscriptions de rente dont ils ont opéré le dépôt aux guichets du Trésor, consistent dans la production d'une décharge

(1) Voir fin du volume, *Formule VI.*

notariée portant déclaration de perte du récépissé ou bulletin de dépôt, acte dans lequel le Trésor exige, par surcroît de garantie, l'intervention d'un agent de change pour constater l'identité du déclarant.

(Voir *Formule de cette déclaration notariée*, *fin du volume, formule VII*).

Titres de rentes au porteur. — Les premiers titres sur l'État au porteur furent créés d'une façon régulière par une ordonnance royale du 29 avril 1831, qui autorisa la conversion des titres nominatifs en inscriptions au porteur, pour que la négociation de ces rentes « fût affranchie des formes qu'entraînaient les « justifications d'individualité et de propriété exigées « par le Trésor public pour chaque transfert. »

Une seconde ordonnance, du 10 mai suivant, déclara que des coupons d'arrérages, également au porteur, seraient attachés à ces extraits d'inscription.

Les titres de rente sur l'État au porteur se trouvaient ainsi définitivement établis; mais aucune opposition ne pouvait les frapper, ainsi d'ailleurs que tous les autres titres ou valeurs au porteur émis par l'État, tels que *Bons du Trésor, Obligations du Trésor, Bons de liquidation*, attendu que par leur nature, leur nombre et la quantité des négociations auxquelles ces valeurs donnent lieu, le Trésor n'a pas le moyen d'en empêcher la transmission ou le transfert.

La loi du 15 juin 1872 a, par son article 16, maintenu ces règles d'exception. Mais nous avons vu que les termes du rapport de M. Grivart avaient consacré les tempéraments apportés par le Trésor public aux règles et prescriptions ci-dessus. « Si les rentes sur « l'État au porteur ne sont pas suceptibles d'opposi- « tion, fait observer M. Grivart, le Trésor n'en con- « sent pas moins, en cas de perte de titres, à pren- « dre note d'une manière officieuse, et sans respon- « sabilité, des déclarations qui lui sont faites. Il « consent même à délivrer des duplicata, mais en « exigeant alors la remise d'un cautionnement égal à « la valeur du titre en principal, augmentée de cinq « ans d'intérêts. »

Ce cautionnement, qui, d'après le deuxième alinéa de l'article 16 de la loi du 15 juin 1872, est restitué par l'État au bout de vingt ans était, avant cette loi, indéfiniment retenu par le Trésor, en raison du caractère imprescriptible des rentes sur l'État.

Voici la marche à suivre en cas de perte, vol ou destruction des titres de rente sur l'État au porteur (nous avons donné plus haut les indications concernant les titres nominatifs). Il faut adresser une lettre ou supplique au Ministre des finances (Direction de de la Dette inscrite) écrite sur une feuille de papier timbré de 60 centimes (Voir, fin du volume, *formule VIII*), dans laquelle on signalera la perte du ou des titres en question.

Cet avis de perte contiendra la désignation exacte des valeurs disparues, avec les sommes, les numéros, la série; s'il s'agit de la rente amortissable, la nature du fonds auquel elles appartiennent et, autant que possible, la date du dernier paiement effectué aux mains de la partie. On demandera en même temps la délivrance d'un duplicata, avec offre de déposer à cet effet le cautionnement qui serait exigé par l'administration.

Un acte de nantissement intervient ensuite avec l'agent judiciaire du Trésor. Cet acte ne peut être conclu qu'à Paris, mais les intéressés peuvent se faire représenter par un mandataire spécial, muni d'une procuration sous seing privé (*Voir modèle de cette procuration, formule IX*).

Ce cautionnement est constitué au moyen de titres de rentes nominatives et pour une durée de vingt années, conformément à l'article 16 de la loi du 15 juin 1872; il est égal, comme on vient de le voir par l'extrait ci-dessus du rapport de M. Grivart, à la valeur du titre en principal, augmentée de cinq années d'arrérages. Ainsi, pour un titre de cinquante francs de rente perdu, le cautionnement sera donc constitué au moyen d'un titre nominatif de cinquante-trois francs de rente environ.

C'est ce cautionnement que le Trésor restitue, au bout de vingt ans, à la condition toutefois que le titre perdu n'ait donné lieu, comme l'exprime l'article 16, à « aucune demande de la part des tiers porteurs « soit pour les arrérages, soit pour le capital. »

Dans le cas contraire, le porteur dépossédé conserve son recours contre le tiers détenteur du titre perdu, et il appartient alors aux tribunaux de statuer sur la légitimité de la possession dudit titre, suivant les règles du droit commun.

Il n'est généralement pas nécessaire de se hâter de constituer le cautionnement, surtout en cas de perte, car l'administration fournissant officieusement le nom et l'adresse des personnes qui pourraient présenter à l'encaissement les coupons afférents aux titres perdus, ces indications facilitent le plus souvent la recherche et la restitution de ces titres.

Nous croyons devoir reproduire ici la note de la Dette inscrite du 8 août 1873, qui détermine la façon de procéder avec le Trésor, dans les circonstances qui nous occupent, en ce qui concerne les titres de rente au porteur.

Voici cette note :

Les règles admises par le Trésor et confirmées par l'art. 16 de la loi du 15 juin 1872 qui traite du remplacement des titres de rentes au porteur, sont basées sur deux avis du Conseil d'Etat, l'un du 1er février 1822, l'autre du 15 février 1850.

Ces deux avis consacraient ce principe, que le Trésor ne doit qu'au titre ; mais ils en tempéraient la rigueur, en reconnaissant au ministre des finances le droit de remplacer et conséquemment de faire payer ou rembourser dans certaines circonstances, et sous sa responsabilité, les titres ou effets perdus ou volés, moyennant les justifications et garanties qu'il jugera nécessaires pour mettre le Trésor à l'abri de toute répétition.

La première explication de ces principes fut faite en 1850 par M. Fould, alors ministre des finances, sur le rapport de l'agent judiciaire du Trésor.

La marche tracée par cette décision primordiale a été constamment suivie depuis lors et elle vient d'être sanctionnée par la Commission législative chargée de l'examen de la loi sur le remplacement des titres au porteur.

Voici les conditions du remplacement des titres de rentes au porteur perdus ou détruits par un accident quelconque :

Le requérant est tenu de fournir un cautionnement préalable, réalisé en une inscription nominative représentant à la fois le capital des titres à remplacer, et les cinq années d'arrérages que le Trésor pourrait être tenu de payer à celui qui lui produirait les inscriptions perdues si elles venaient à être retrouvées.

L'acte de cautionnement est dressé par l'agent judiciaire du Trésor qui remet à la partie, indépendamment d'un double de l'engagement, un titre spécial, dit *bordereau d'annuel*, sur la présentation duquel sont payés aux échéances ordinaires les arrérages de la rente affectée au cautionnement. Le titre même de cette rente reste en dépôt dans la caisse du Trésor.

La durée du cautionnement était illimitée, parce qu'il résultai de la jurisprudence que le capital des rentes était imprescriptible, mais l'article 16 de la loi du 15 juin 1872 dispose que « ces cautionnements seront restitués, si, dans les vingt ans qui auront suivi, il n'a été formé aucune demande de la part des tiers porteurs, soit pour les arrérages, soit pour le capital; » et que passé ce délai le Trésor sera définitivement libéré envers le porteur des titres primitifs, sauf l'action personnelle de celui-ci contre la personne qui aura obtenu le duplicata.

Lorsque le cautionnement est constitué, le requérant reçoit une inscription nouvelle dont il est libre de disposer.

Il peut arriver que l'inscription remplacée soit retrouvée ; dans ce cas, si elle est reproduite par le requérant, l'annulation en est opérée aussitôt et le cautionnement restitué.

Si elle est reproduite et réclamée par un tiers, le Trésor annule la rente affectée au cautionnement qui est devenue sa propriété, et les parties sont renvoyées à se pourvoir devant qui de droit pour la question de propriété que peut soulever entre elles le titre retrouvé.

Coupons. — En cas de perte de coupons des titres de rente, la Dette inscrite, pour le payement de ces coupons, exige un cautionnement en rente nominative, pendant cinq années, égal à la valeur desdits coupons.

« Les rentiers qui ont eu des coupons au porteur perdus, volés ou détruits, peuvent néanmoins se soustraire à l'obligation de fournir un cautionnement, s'ils font au Trésor les démarches et les déclarations nécessaires pour interrompre la prescription. Ils seront alors admis à toucher le montant de leurs coupons cinq ans après leur échéance. Bien entendu, cette autorisation est subordonnée au non-paiement de ces coupons pendant la durée de cinq années (1). »

Bons du Trésor, Obligations du Trésor, Bons de liquidation. — Les autres valeurs du Trésor au porteur, telles que Bons du Trésor, Obligations du Trésor, Bons de liquidation, ne sont pas non plus sus-

---

(1) Foyot, *Guide du Rentier sur l'Etat*, Paul Dupont, page 79.

ceptibles, comme on l'a vu, d'opposition. Le Trésor consent à prendre note, mais à titre purement officieux, des déclarations de perte de ces valeurs, et fait connaître aux intéressés le nom et l'adresse des personnes auxquelles le paiement des arrérages ou le remboursement de ces valeurs est effectué.

Toutefois, lorsque des valeurs de cette nature, perdues, volées ou détruites, ne sont pas représentées, il y a lieu de demander au Ministre des finances sous quelles conditions de garantie le remboursement des valeurs peut être effectué. Il intervient alors une décision ministérielle qui autorise généralement le Trésor à rembourser la valeur, sous la condition du dépôt d'un cautionnement.

Rentes mixtes. — Nous ne pouvons parler des rentes sur l'Etat sans dire quelques mots des rentes mixtes, qui, par leur caractère, tiennent à la fois des titres nominatifs et des titres au porteur. Les inscriptions de rentes mixtes sont en effet des inscriptions nominatives munies de coupons payables au porteur. Elles ont été créées par décret du 18 juin 1864, dans le but de dispenser les propriétaires de rentes nominatives de représenter, lors du paiement des arrérages, les titres pour être revêtus d'une estampille, et de leur permettre de toucher ces arrérages au moyens de coupons, « mode de payement, « dit le décret, qui présente des facilités appréciées

« du public, en même temps qu'il simplifie la justifi-
« cation de la dépense, sans présenter rien d'incom-
« patible avec les garanties dues au Trésor. »

Les rentes mixtes ne peuvent être transférées que par une déclaration du propriétaire, conformément à la loi du 22 floréal an VII, relative aux titres nominatifs ; mais les arrérages en sont payés *au porteur*, et dans tous les départements, comme ceux des titres au porteur, sur la remise des coupons détachés du titre.

En cas de perte, vol ou destruction d'un titre de rente mixte, le *propriétaire* peut former opposition au transfert de la rente, qui a le même caractère qu'une rente nominative. Voyez à cet égard ce qui est dit ci-dessus pour les rentes nominatives.

Mais en cas de perte ou vol des arrérages représentés par des coupons afférents aux titres, et détachés au fur et à mesure des échéances, on ne peut former opposition au paiement de ces arrérages ou coupons, qui ont le même caractère que ceux des titres au porteur. On doit donc suivre dans ce cas la même marche que pour les coupons des rentes au porteur. (Voir ci-dessus, page 159.)

En dehors de la déclaration de perte exigée conformément au décret du 3 messidor an XII (voir *formule* VI), et qui s'applique aux rentes mixtes comme aux rentes nominatives, le ministre des finances, en raison de la nature particulière des coupons afférents aux titres mixtes, n'autorise le remplacement du titre que sur le dépôt préalable d'un cautionnement réalisé en une inscription nominative suffisante pour garantir le Trésor contre la reproduction éventuelle de tous les coupons d'arrérages encore adhérents à l'inscription disparue.

La durée du nantissement dans ce cas est de cinq ans pour chaque coupon à compter de l'échéance.

FORMULES

I

Opposition au paiement du capital et des intérêts, dividendes ou coupons.

(ARTICLE 2).

L'an mil huit cent quatre-vingt. . . . .
le . . . .

A la requête de M. (*prénoms, nom, profession*), demeurant à. . . . .
lequel élit domicile (*élection de domicile dans la commune du siège de la compagnie, société ou établissement débiteur*).

J'ai (*immatricule de l'huissier*), soussigné, signifié et déclaré à. . . . .
. . . .

Que le requérant. . . . propriétaire de. . . . .
actions, bons ou obligations (*désigner les valeurs, c'est-à-dire le nombre, la nature, la valeur nominale, les numéros, et, s'il y a lieu, la série des titres*).
. . . .

(*Indiquer avec soin s'il s'agit de titres ou récépissés provisoires ou de titres définitifs; la couleur des séries; le numéro des coupons; la date des émissions, s'il y a eu plusieurs émissions des mêmes titres; s'il s'agit d'actions nouvelles ou d'actions de jouissance*).
. . . .

(*Indiquer encore*, autant que possible seulement : 1° *l'époque et le lieu où l'on est devenu propriétaire ainsi que le mode de l'acquisition ;* 2° *l'époque et le lieu où l'on a reçu les derniers intérêts ou dividendes ;* 3° *les circonstances qui ont accompagné la dépossession*).

. . . .

Que le requérant a perdu ou adiré lesdits titres ainsi que les coupons en dépendant à partir de ceux échus en. . .

. . . .

Qu'en conséquence, il s'oppose au transfert et à la conversion, ainsi qu'au remboursement et au paiement, tant du capital que des intérêts ou dividendes échus ou à échoir desdits titres, sous peine de toutes pertes, dépens et dommages-intérêts.

Et à ce que. . . . . n'en ignore.

Je lui ai, en parlant comme dessus, laissé copie du présent.

Coût. . . . .

II

Demande à l'effet d'obtenir un certificat de non-contradiction.

(Cette demande est faite par simple lettre).

(ARTICLE 3).

Monsieur le directeur de. . . . .

. . . .

Suivant exploit du ministère de. . . . . . . huissier à. . . . . en date du. . . . . . . j'ai formé opposition au paiement, tant du capital que des intérêts ou dividendes de. . . . . au porteur n^{os}. . . . .

Je vous serais infiniment obligé de vouloir bien me faire délivrer, conformément à l'article 3 de la loi du 15 juin 1872 sur les *Titres au Porteur*, un certificat constatant que l'opposition ci-dessus n'a pas été contredite, et que depuis cette opposition, deux termes d'intérêts ont été mis en distribution.

Je joins à la présente une feuille de timbre de 60 centimes pour ledit certificat.

Veuillez agréer, etc.

III

Certificat de non-contradiction. Timbre à 60 c.

(ARTICLE 3).

Certificat de non-contradiction à l'opposition formée sur les titres ci-après :

. . . .

Le Directeur. . . . .

. . . .

Vu l'opposition formée sur les titres ci-dessus désignés, suivant exploit de. . . . . huissier à. . . . . en date du. . . . . par M. . . . . demeurant à. . . . .

Certifie :

1° Que depuis la date de l'opposition ci-dessus, il a été mis en distribution. . . . . termes d'intérês sur les titres qui en font l'objet;

2° Que jusqu'à ce jour ladite opposition n'a pas été contredite.

Paris, le. . . . .

IV

Requête au Président.

(ARTICLE 3).

A Monsieur le Président du tribunal civil de. . . .

M. . . . .
demeurant à. . . . .

Ayant Me. . . . . pour avoué,

A l'honneur de vous exposer :

Que M. . . . . est propriétaire de. . . . . . .
. . . .

Que l'exposant a perdu lesdits. . . . . ainsi que les coupons en dépendant, à partir de ceux échus en. . . . .

Que suivant exploit du ministère de. . . . . huissier à. . . . . en date du. . . . . . enregistré, M. . . . . a formé entre les mains de. . . . . opposition au paiement tant du capital que des intérêts ou dividendes échus ou à échoir des titres dont il s'agit ;

Que depuis cette opposition il s'est écoulé plus d'une année sans qu'elle ait été contredite, et que dans cet intervalle plus de deux termes d'intérêts ont été mis en distribution ;

Que l'opposant est donc aujourd'hui fondé à invoquer en sa faveur le bénéfice de l'article 3 de la loi du 15 juin 1872 relative aux Titres au porteur ;

Pourquoi il requiert qu'il vous plaise, Monsieur le Président,

L'autoriser, conformément aux dispositions dudit article, à toucher de. . . . . les intérêts ou dividendes échus ou à échoir au fur et à mesure de leur exigibilité, des Titres dont il s'agit, et même le capital desdites obligations, dans le cas où il serait ou deviendrait exigible, à charge de fournir caution conformément à la loi

Et vous ferez justice.

(*Signature de l'avoué*).

Nous, Président du tribunal civil de. . . . .

Vu la requête ci-dessus; l'exploit d'opposition du. . . . . .le certificat de non-contradiction; ensemble l'article 3 de la loi du 15 juin 1872.

Attendu que ladite opposition n'a pas été contredite; qu'il s'est écoulé depuis ladite opposition plus d'une année, pendant laquelle deux dividendes ont été mis en distribution;

Autorisons. . . . . . à toucher de. . . . . . . les intérêts ou dividendes des obligations. . . . . échus ou à échoir au fur et à mesure de leur exigibilité, et même le capital desdites obligations dans le cas où il serait ou deviendrait exigible, à charge de donner caution conformément à la loi.

Donné en notre hôtel, à. . . . . . .le. . . .

V

Opposition au syndicat des Agents de change.

(ARTICLE 11).

L'an mil huit cent quatre-vingt. . . . et le. . . . à la requête de M. . . . . demeurant à. . . . . élisant domicile en ma demeure,

J'ai (*immatricule de l'huissier*),

Signifié et déclaré au *Syndicat de la Compagnie des agents de change près la Bourse de Paris*, au siège dudit Syndicat, rue Ménars, n° 6, où étant et parlant à l'employé préposé au service du *Bulletin officiel des oppositions sur les Titres au porteur*, ainsi déclaré,

Que le requérant. . . . . . propriétaire. . . . .

Désignation des valeurs.

NOTA. — Les numéros doivent être inscrits en lettres et en chiffres (*ces derniers entre parenthèses*) et par ordre augmentatif.

(*Indiquer avec soin s'il s'agit de titres ou récépissés provisoires ou de titres définitifs; la couleur des séries, s'il y a lieu; les numéros des coupures; la date des émissions, s'il y a eu plusieurs émissions des mêmes titres; s'il s'agit d'actions nouvelles ou d'actions de jouissance.*)

Origine de propriété. Epoque et lieu où les derniers coupons ont été touchés. Circonstances dans lesquelles les titres ont été adirés.	*Ces indications doivent être fournies*, autant que possible, *suivant le vœu de la loi.*

Pourquoi ledit requérant s'oppose formellement, par les présentes, au paiement des coupons, au remboursement du capital, à la négociation ou au transfert des titres ;

Requérant, en outre, le Syndicat de la Compagnie des agents de change près la Bourse de Paris, conformément à l'article 11 de la loi du 15 juin 1872, de faire publier et insérer dans le *Bulletin officiel des oppositions sur les Titres au porteur*, établi à cet effet, les numéros des titres susénoncés dans les formes et sous les conditions déterminées par le règlement d'administration publique du 10 avril 1873, sous peine d'être responsable de toutes pertes, dépens et dommages-intérêts;

Lui faisant offre, en même temps, de lui remettre, à l'instant même, la somme de. . . . . montant du prix de l'insertion.

A ce que ledit Syndicat n'en ignore, sous toutes réserves.

Coût, non compris le montant de l'insertion. . . . . .

NOTA. — Quand l'établissement débiteur a son siège à Paris, les deux oppositions prescrites par les articles 2 et 11 peuvent être condensées en un seul exploit. Mais la pratique a démontré qu'il convenait mieux, notamment pour le cas de mainlevées définitives ou partielles, de diviser ces deux actes.

VI

Titres de rentes sur l'État, nominatives.

MODÈLE DE DÉCLARATION DE PERTE

(Décret du 3 messidor an XII (22 juin 1804).

Aujourd'hui, le. . . . . .188 , a comparu devant nous, maire de la commune d. . . . . département d . . . . demeurant à. . . . . le sieur. . . . . lequel nous a déclaré avoir perdu l'extrait d'une inscription. . . . . n°. . . . . dont il est propriétaire, et nous a dit qu'il désirait en obtenir le remplacement dans la forme prescrite par le décret du 3 messidor an XII, s'obligeant à rapporter l'extrait adiré, s'il se retrouve. Ladite déclaration faite en présence d. . . . .

. . . .
. . . . demeurant à. . . . .
. . . et d sieur. . . . .
. . . .
demeurant à. . . . . lesquels nous ont attesté l'individualité du déclarant, et ont, ainsi que lui, signé avec nous, les jour, mois et an que dessus.

(*Suivent les signatures*).

Nota. — La présente déclaration doit être faite sur papier timbré et enregistrée.

La signature du maire (à l'exception de ceux de Paris) doit, en outre, être légalisée par le préfet ou le sous-préfet.

VII

Perte de Récépissés ou Bulletins de dépôt d'Inscriptions de rente.

(Dépôt de Titres au porteur pour conversion, renouvellement, division ou réunion).

DÉCHARGE NOTARIÉE A FOURNIR EN EXPÉDITION.

Par devant Me. . . . . . notaire à Paris, a comparu M. . . . . (*nom et prénoms, qualité civile*), demeurant. . . . . lequel par ces présentes a expliqué d'abord qu'il avait déposé au bureau des reconversions et renouvellements, le (*date du dépôt*), pour en obtenir la réexpédition (*un, deux, trois*). . . . titres 3 p. 0/0, 5 p. 0/0, 4 1/2 nos. . . . . de. . . . . . (*sommes*); qu'on lui a délivré le même jour un récépissé de la somme de. . . . . portant le no. . . . .

Que ce récépissé avait été égaré depuis, et que toutes les recherches faites pour le retrouver avaient été infructueuses.

Et que sur sa décharge, le Trésor avait consenti à lui remettre les inscriptions 3 p. 0/0, 5 p. 0/0, 4 1/2 n[os]. . . . de . . . . . (*sommes*).

Par suite de cette remise, M. . . . . comparant, a déclaré par ces présentes donner décharge entière et définitive au Trésor public des inscriptions ci-dessus désignées. Renonçant pour lui et ses héritiers ou ayants droit à jamais se prévaloir dudit récépissé dans le cas où il serait retrouvé. A ces présentes est intervenu M. . . . . . . agent de change près la Bourse de Paris, demeurant à . . . . lequel a déclaré certifier l'identité du comparant.

L'expédition de la présente déclaration devant être produite au Trésor, pour la décharge de l'agent comptable, conformément à la décision ministérielle du 5 janvier 1857.

Dont acte.

VIII

Titres de rentes sur l'État, au porteur. Déclaration de perte.

(ARTICLE 16).

A Monsieur le Ministre des finances,
(*Direction de la Dette inscrite*).

Monsieur le Ministre,

Le soussigné (*nom, prénoms, profession* et *domicile*),
A l'honneur de vous exposer : . . . .

Qu'il a perdu, adiré *ou* qu'il lui a été volé (*rappeler sommairement dans quelles circonstances*) un *ou* plusieurs titres de rente française au porteur. . . 0/0 portant le *ou* les numéros. . . . (*inscrire exactement ces numéros, d'abord en toutes lettres et ensuite en chiffres*).

Que les derniers coupons de ces titres ont été par lui touchés à. . . . . le. . . . .

Qu'il porte cette perte *ou* ce vol à votre connaissance, Monsieur le Ministre, demandant qu'il vous plaise vouloir bien donner les instructions nécessaires pour empêcher, dans la limite des facultés de votre administration, la négociation de ce *ou* ces titres et le paiement des intérêts ou coupons y afférents ;

Et qu'il lui soit fait remise d'un *duplicata* de ce *ou* ces titres, prenant dès à présent l'engagement de déposer à cet effet le cautionnement qui pourra être demandé par votre administration, conformément à l'article 16, § 2e, de la loi du 15 juin 1872.

Il a l'honneur d'être, Monsieur le Ministre, etc.

(*Signature*).

(*Cette déclaration est écrite sur une feuille de papier timbré de* 60 *centimes, et envoyée directement à Monsieur le Ministre des finances, direction de la Dette inscrite*).

IX

Titres de rente sur l'État, au porteur, perdus ou détruits. — Procuration.

INDICATION *des principales dispositions à insérer dans la procuration à donner par acte notarié* (ou par acte sous seing privé, enregistré et légalisé par le maire et le sous-préfet), *pour la réalisation d'un cautionnement en rentes* (1).

. . . .

(*Nom, prénoms, qualité et demeure du constituant.*)

---

(1) Quand le pouvoir sera donné par acte sous seing privé, le constituant, avant d'apposer sa signature, devra écrire de sa main : *Bon pour pouvoir*.

. . . .

(*Nom, prénoms, qualité et demeure du mandataire.*)

. . . .

Pouvoir de, pour et au nom du constituant, déposer et affecter en nantissement au Trésor public, pour une durée de vingt ans à partir de la date de l'acte de nantissement, toutes inscriptions de rentes sur le Grand-livre de la Dette publique de France appartenant au constituant (*ou telle inscription déterminée*) en garantie de la délivrance qui sera faite au constituant (*ou à telle personne désignée*), de tous titres de rentes sur l'Etat au porteur, en remplacement de l'inscription de même nature lui appartenant, qu'il a déclarée adirée, et aussi en garantie du paiement des coupons d'arrérages desdites rentes pendant une période continue de cinq ans, au fur et à mesure de chaque échéance. A cet effet, signer et passer avec l'agent judiciaire du Trésor public l'acte d'affectation dans les termes formulés par le Trésor public.

Donnant expressément au mandataire le pouvoir de conférer avec l'agent judiciaire du Trésor public le droit spécial et irrévocable, pendant toute la durée du cautionnement, de, pour et au nom du constituant, faire vendre ou annuler en tout ou en partie, en vertu d'une simple décision du Ministre des finances, et sans qu'il soit besoin d'acte judiciaire, les rentes données en nantissement, pour le cas où les anciens titres ou des coupons détachés de ces titres seraient représentés au Trésor.

Aux effets ci-dessus, passer tous actes, élire domicile et généralement faire et dire tout ce que les circonstances exigeront, promettant l'agréer.

Retirer du Trésor public les bordereaux d'annuel représentatifs des inscriptions et servant à toucher les arrérages, en donner tous reçus et décharges.

TABLE MÉTHODIQUE DES MATIÈRES

FORMULES.

FIN DE LA TABLE MÉTHODIQUE.

TABLE ALPHABÉTIQUE DES MATIÈRES

FIN DE LA TABLE ALPHABÉTIQUE.

Paris. — Imprimerie L. BAUDOIN, rue Christine, 2.

Chez les mêmes éditeurs :

ENCYCLOPÉDIE DU NOTARIAT ET DE L'ENREGISTREMENT ou DICTIONNAIRE GÉNÉRAL ET RAISONNÉ de législation, de doctrine et de jurisprudence en matière civile et fiscale (avec formules), publié par la *Revue du Notariat*, sous la direction de M. CH. LANSEL, ancien Notaire, Secrétaire de la *Revue du Notariat*. Environ 14 beaux vol. gr. in-8. 1879-1882. — Prix : 12 fr. le volume.

Les tomes 1 à 10 sont parus.

Les autres volumes paraîtront régulièrement de quatre mois en quatre mois.

FORMULAIRE GÉNÉRAL ET COMPLET **DU NOTARIAT** OU MANUEL THÉORIQUE ET PRATIQUE : par EDOUARD CLERC, ancien Président de la Chambre des Notaires de Besançon, suivi du *Code des Notaires expliqué*, par A. DALLOZ, Avocat, et d'un *Traité de la responsabilité des Notaires*, par CH. VERGÉ, Avocat, Docteur en droit. 7e édition, mise au courant de la législation, de la jurisprudence et des nouvelles lois fiscales. 2 forts vol. gr. in-8. 1884. 48 fr.

LÉGISLATION DES BATIMENTS ET CONSTRUCTIONS (TRAITÉ DE LA), comprenant les règles en matière de Devis et Marchés, Construction, Servitudes, Location, Réparations, Voirie, Police des bâtiments, etc. ; par FREMY-LIGNEVILLE, Conseiller à la Cour d'appel d'Aix. 2e édition, refondue et mise au courant, par E. PERRIQUET, Avocat au Conseil d'Etat et à la Cour de cassation. 2 vol. in-8. 1881. 18 fr.

SUPPLÉMENT ALPHABÉTIQUE ET ANALYTIQUE AUX LOIS DE LA PROCÉDURE CIVILE ET COMMERCIALE, de CARRÉ et CHAUVEAU ADOLPHE, contenant, avec le résumé succinct de ce traité, le tableau complet de la jurisprudence et de la doctrine jusqu'à ce jour, et servant de table générale à l'ouvrage par G. DUTRUC, Avocat, ancien Magistrat, Rédacteur en chef du *Journal des Avoués*. 4 forts vol. in-8. 1880-1881. 48 fr

CONSTRUCTIONS (CODE PERRIN ou DICTIONNAIRE DES) ET DE LA CONTIGUÏTÉ, législation complète des Servitudes et du Voisinage, du Sol bâti, cultivé ou planté ; de ses Produits, des Engrais, etc. ; des Etablissements classés, des Usines, des Cours d'eau, du Drainage et des Irrigations ; du Bornage, de l'Affouage, des Clôtures urbaines et rurales ; des Voies ferrées, Routes, Chemins, etc. ; édition entièrement refondue et classée par ordre alphabétique, avec indications marginales ; par M. AMBROISE RENDU Docteur en droit, Avocat à la Cour de cassation et au Conseil d'Etat ; revu et mis au courant, par JEAN SIREY, Avocat à la Cour d'appel de Paris. 5e édition. 1 fort vol. in-8. 1880. 10 fr.

PARIS. — IMPRIMERIE L. BAUDOIN ET Cie, RUE CHRISTINE, 2.

www.ingramcontent.com/pod-product-compliance
Ingram Content Group UK Ltd.
Pitfield, Milton Keynes, MK11 3LW, UK
UKHW012215240726
13966UKWH00003B/773

9 782011 760531